U0895464

中国民间年画诸神文化丛书

The Series of The Culture of The Gods in Chinese Spring Festival Pictures

沈泓 著

THE CULTURE OF GUAN GONG

中国物资出版社

图书在版编目（CIP）数据

关公文化 / 沈泓著. —北京：中国物资出版社，2012.1
（中国民间年画诸神文化丛书）
ISBN 978－7－5047－4016－8

Ⅰ.①关… Ⅱ.①沈… Ⅲ.①关羽（160～219）－人物研究 Ⅳ.①K825.2

中国版本图书馆CIP数据核字（2011）第210911号

策划编辑	李慧智	**责任印制**	方朋远
责任编辑	闵　俊	**责任校对**	孙会香　饶莉莉

出版发行	中国物资出版社		
社　　址	北京市丰台区南四环西路188号5区20楼	**邮政编码**：100070	
电　　话	010－52227568（发行部）	010－52227588转307（总编室）	
	010－68589540（读者服务部）	010－52227588转305（质检部）	
网　　址	http://www.clph.cn		
经　　销	新华书店		
印　　刷	北京京都六环印刷厂		
书　　号	ISBN 978－7－5047－4016－8 / K · 0066		
开　　本	710mm × 1000mm　1/16		
印　　张	14	**版　　次**	2012年1月第1版
字　　数	237千字	**印　　次**	2012年1月第1次印刷
印　　数	0001—4000册	**定　　价**	39.80元

序

中国历史上的名人群星璀璨，但只有两个人物形成重大文化现象，一个是孔子，一个是关公。两人一文一武，并称“文武二圣”，对中国文化史产生了深远影响。

孔子是中国文化的代表人物，似乎是不可逾越的，然而，在民间的地位，关公却超过了孔子。从历史上统治者对关公的评价和关公在民间的待遇来看，关公的地位都远远高于孔子。

古代县县有文庙，村村有关庙。关庙在全国达到30多万座，多过孔庙数十倍，由此可见民间对关公的崇拜。

关公，字云长，本字长生，后改为羽，生活于东汉三国时代。关羽被后人尊称为关公、关老爷、关帝、关圣帝君、协天大帝等。

关公的一生，是传奇的一生。他生前声誉日著，死后不断被神化，“侯而王，王而帝，帝而圣，圣而天”。何谓天？天就是神。

就官方褒封来看，从南北朝开始，直到清朝末年，关公受历代封建帝王的褒封有增无减。宋徽宗封关公为“义勇武安王”已经是登峰造极了，而到清德宗光绪皇帝，封关羽为“忠义神武灵佑仁勇显威护国保民精诚绥靖翊赞宣德关圣大帝”，多达26个字，用尽了人间最崇高也最美好的词汇。到此，追封到“文圣”孔子头上的那些耀眼光环，在“武圣”关公面前，也显得黯然失色了。

关公读春秋·桃花坞年画

可以说，在中国历史上没有任何一个人像关公这样获得如此多的封号，最终成为千百年来世人尊崇的偶像，奇迹般地超越时代，跨越历史。

褒封不尽，庙祀无垠。在关公崇拜中，关公是神，而且是无所不在的神，门神中有他的形象，财神中有他的身影。他上天可见玉帝，下地可接受土地、城隍敬礼，入水则为龙王，挥手可以呼风唤雨……关公是战神、财神、文神、农神等，是全方位的万能之神。他由“万世人杰”上升到“神中之神”，为历代统治者和百姓万民上下共仰，华夏神州与海外异域远近同奉，成为上至帝王将相，下至士农工商广泛顶礼膜拜的偶像，也成为历史上最受崇拜的神圣。

眼观十万里　日赴九千坛·武强年画·戚建民作品

在宋元明清，祭祀和仿效关公的活动，几乎进入了所有的社会活动领域，无论宗教仪式、官府祭奠、社会教育、商业交往、集会结社，还是文学创作、戏曲演唱、人际交往、风俗民情等，都渗入了对关公的崇拜和仿效。祭祀和崇拜关公，成了一种最为广泛的社会文化现象。

如今，很多古典文化流逝了，而关公文化仍在中外流传，具有普世性。至今，很多地方春节家家户户都要在门上贴关公门神年画，感到有关老爷守护自己的家园，心理上就有了安全感。

关公文化是多元的，具有深刻内涵和广泛外延。关公文化的核心精神，是以关公的所有行为形成的忠、义、仁、信、勇，还有智、廉、耻。这些蕴涵着中国传统文化的伦理、道德、理想、愿望，渗透着儒学的《春秋》精义，并为释教、道教教义所趋同的人生价值观念，其精神实质已成为彪炳日月、大气浩然的华夏魂。

其实，作为人，关公也是一个有情感有血肉的普通人，又是一个有明显缺点、充满矛盾和错误的人。本书在描绘关公的传奇生涯，描述他从人到神的演化过程中，试图撩开笼罩在他身上的神秘面纱，还原一个真实的、有突出优点也有突出缺点的人。

研究关公从人到神的演变，可以把握中国传统文化的演进线索；剖析关公的优点和缺点，也可以看到中国古典文化的优点和缺点；探究解析关公文化，或许可以寻找到打开中国人精神生活的一把钥匙。愿本书和您一起寻找中国古典文化的线索和钥匙。

沈泓

2011年8月1日于深圳

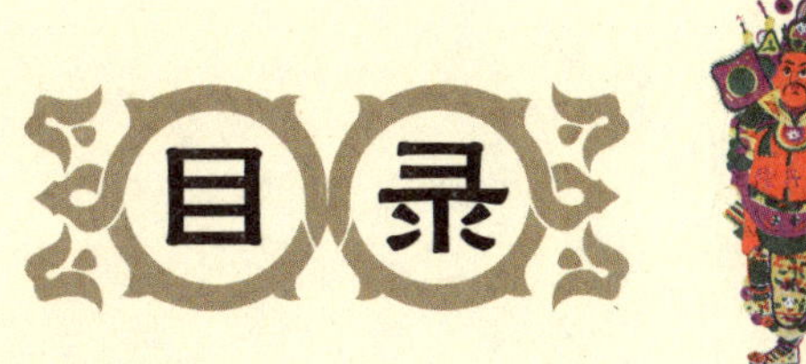

目录

第一章 关公的情史……1

第二章 关公的一生……25

第三章 武圣形象的关公……43

第四章 财神形象的关公……61

第五章 伏魔尊者的关公……75

第六章 会门义气象征的关公……85

第七章 龙王形象的关公……99

第八章 三教护法神形象的关公……107

第九章 古代戏剧中的关公……117

第十章 民间年画中的关公……129

第十一章 关公被神化的过程……135

第十二章 关公崇拜的普及……149

第十三章 村村都有关帝庙……167

第十四章 关公文化透视……187

第十五章 辩证评价关公……201

跋……214

温酒斬華雄

第一章 关公的情史

关公是神，神是不能有个人感情的，更不能有儿女情长的爱情。但关公又不是神，他是人，所以他也有刻骨铭心的爱情。

又因为关公是人们心目中的神，人们不能让他有爱情，所以，在所有的传记、志书和演义中，都很少写到关公的爱情。如今我们很难看到关公的爱情故事，这似乎不符合英雄与美人通常必有的传奇情节，但完全符合古人让关公成圣成神的愿望。

人非草木，孰能无情？走近关公，了解关公，我们还是从关公的情史开始吧。从关公的情史开始，是因为人们熟悉的关公都是义盖云天的形象，而对关公缠绵柔情的另一面却是陌生的。

从情史开始，也是为了在开场时就给本书定一个戏说的基调，在轻松娱乐中走进关神的世界——关公本来就是一个娱乐人物嘛，娱人娱帝也娱神。

凄哀的暗恋

研究一个人，最能看出这个人物的精神和性格的就是爱情方式。从情史开始，就是为了最直接地进入一个神的人的一面，更真切地看清楚他的精神和性格。

有人说关公一生都没有谈情说爱，只是暗恋过一个有夫之妇。其实，除了暗恋，还有初恋。人们都说初恋时不懂爱情，其实，神圣关帝也不例外。

据说，关公的第一个初恋情人名叫小玉，可惜红颜薄命，早早离世。今天我们很难找到他们初恋故事的线索，也查不到小玉姑娘的资料。

或许真的是除却巫山不是云吧，从此，再也没有打动关公的人儿，即使是艳丽的貂蝉也不能入他的法眼，直到一个有夫之妇的出现。

后来成为至高无上的神圣的关公其实很可怜的，他一生都没有享受过爱情，而他刻骨铭心深爱的人竟然是一个有夫之妇！突如其来的爱火，在压抑了20多个冬天的心田深处熊熊燃烧。可以说，这是关公一生中第一次真正的爱情。

关公和观音·武强年画

关公其实是悲哀的，就是这第一次真正的爱情，也落花随流水飘零而去。这只是关公凄哀的暗恋——

当时，吕布手下有个叫秦宜禄的小老头，其貌不扬，年纪又大，却有一个年轻漂亮的夫人。

关公第一眼看到秦夫人，就惊为天人，可谓一见钟情，钟情之余，又觉得这世界实在是太不公平，真是一朵鲜花插在牛粪上了。他心潮澎湃，日思夜想。

但那是已婚之妇啊，受儒家传统教育的关公只能单相思。

后来刘备和吕布闹翻了，吕布抢了刘备的地盘，刘备打不过吕布，只好去找曹操帮忙。

曹操同意帮忙。关公一看机会来了，就对曹操说，成事后顺便也帮他解决一下个人的爱情问题。他请曹操一定记得把他暗恋的这个美人送给他。

曹操爽快地答应了关公。

情难自禁，爱得过于强烈，关公不停地在曹操面前提醒要拥有秦夫人这件事，使得大色鬼曹操也好奇起来：关公英雄豪杰，从来都是一个严肃的不近女色的大男人，为何此女子让他如此动心呢？曹操想，肯定此女非同一般。

华容道·杨家埠年画

于是，曹操自己先跑去偷偷地看了看那美女，发现关公果然眼光不俗，品位极高。此美女国色天香，曹操看了一眼就心旌荡漾，坠入爱河，也顾不上对关公的承诺了，当即就占有了这位美人。

可以说，是曹操抢夺了关公的爱情。曹操横刀夺爱，关公一定是怀恨在心的，可是关公的修养高，忍功也高，他忍了。

事实上是，关公只能忍，他对曹操无可奈何，就是大哥刘备，在曹操面前也低声下气，仰仗于曹操，他又能怎样呢？

关公和曹操两人的关系一生都很微妙，曹操狂妄自大，从来不敬佩什么，更不敬重任何人，但唯有对关公例外，即使是他给关公送金钱送美女，关公身在曹营心在汉，他也不怨恨，反而更加敬重关公，乃至放关公去找刘备。后来关公被孙权部下杀害，他给予厚葬。

可以说，是曹操给了关公机会，给了关公英名。关公一生中最辉煌的大事，都是在曹操这里干成的，杀文丑、斩颜良、夜读春秋、挂印封金、千里走单骑、过五关斩六将……这些铭刻在英雄史上的轰轰烈烈的事件、流芳千古的伟业，都是在曹操这里成就的。

仔细研究关公，可以发现，关公和刘备在一起待了一辈子，但他在刘备身边只干过单刀赴会、水淹七军等寥寥无几的几件大事，更多的时候他都是碌碌无为的，甚至是不断犯错误的。而和曹操在一起不到一年，却干了大量他本来干不了事。显然，是曹操成就了关公的英名。

而关公也对曹操怀有感激之心，所以他解过曹操的难，救过曹操的命。两人可以说是知己，是英雄惺惺相惜。

为何两个敌对势力的人走得如此近？可能是一根重要纽带将他们联结起来，这就是他们共同爱过一个女人。

曹操对关公这么好，或许就是因为这个美人，夺了关公所爱，辜负了关公所求，而对关公心中有愧。故而，他始终想着要做些事情补偿。这是人性之微光的隐秘闪烁，是心理隧道中最幽冥的一角。

关公也应有心灵隧道中最幽冥的一角，当曹操送给他10位美人时，他一个都没有要（转送给嫂嫂做使女了），或许是他还在因当时的暗恋情人而和曹操赌气，而并非后人传说的他如何高风亮节不近女色。

华容道上，关公放了曹操。《三国演义》此节的描写中有一个细节，写关公放了曹操之后，突然有些后悔，想策马去追，可曹操已想到关公可能会后悔，再来追杀他，就派了一个大将回头去感谢关公，这样一来，关公就不会再去追杀了。

果然两人是心有灵犀，这一回头感谢，关公真的不再为难曹操了。

但人们都没有猜透关公为何会突然后悔，以为他是害怕向军师立的军令状。其实，关公谁都不怕，只不过此刻他想到了那个暗恋的美人，想到了当年曹操的横刀夺爱，他要为他失去的爱报仇，只有这一点能使他产生不惜负义去追杀曹操的念头。

曹操对关公的佩服，人们都说是智勇仁义之类，其实，很可能是因为他抢了关公的爱，而关公表面看来一点也没跟他计较，这让曹操觉得关公这人有胸怀、够义气。

曹操哪里知道，关公心里是计较的。爱情使人产生伟大的力量，即使是暗恋的爱情。关公本来是打不过颜良、文丑的，但他竟杀了颜良，诛了文丑，这是一种神秘的力量，或许他要杀的不是颜良、文丑，而是曹操。只要想一想曹操夺走了他的爱，他就想杀曹操，但他杀不了曹操，于是，他把对曹操的恨转到了和他无怨无仇的颜良、文丑身上。

这超常的力量原来来自爱，也来自恨，恨因爱而来。爱恨交加的人，什么事情干不出来呢?

后来关公过五关斩六将，按关公的义，本来他是可以过而不斩的——对黄忠不就是义释吗，但他竟然一连斩杀了六员大将，这是不寻常的。因为这六个大将都是曹操的爱将，关公是把他们都当成曹操了，所以他斩得果决，杀得解气。每杀一将，他都以为是杀死了曹操一次，所以这次他是彻底放开了，杀得痛快淋漓。

而当曹操的众将要去追杀关公时，曹操阻拦他们“勿追也”，还为关公找了一个理由，“彼各为其主”。这也很不寻常，表面听来，理由冠冕堂皇、天衣无缝，其实隐秘处是因为曹操对关公有愧，他愿意给关公一个纵马杀他六将的机会，让关公发泄发泄，以此抵消关公对他的情仇。

——当然，这不过是戏说。

与貂蝉说不清的纠葛

与关公有过绯闻的女友确实不多，貂蝉或许是唯一的一个。

话说刘、关、张和曹操一起水淹下邳，擒了吕布。

张飞俘虏了吕布之妻貂蝉，曹操见到貂蝉“一点樱桃启绛唇，两行碎玉喷阳春”，杨柳腰枝，十分貌美，一心想得到手。

可是，猛张飞不答应，他说要把他捕获到手的猎物献给二哥关公，让貂蝉为二哥“铺床叠被”。

貂蝉是每个男人看见都要兴奋的尤物，为何张飞自己不要貂蝉呢?

这可能是貂蝉太美了，美得令人炫目。尽管张飞是天不怕地不怕的英雄，但在这样精致的美人面前，觉得自己是个粗人，自惭形秽，自叹不配，有自卑感。

于是，张飞第一个想起了二哥。二哥关公有君子之风，风姿俊逸，形象魁伟，是著名的“美髯公”，只有二哥这样的美男子，才配得上天下第一美人。这里，也可见张飞对关公的兄弟感情和敬重。有好东西，张飞首先想到的不是自己得，而是给二哥。

本来这是一件风流韵事，但关公拒绝了，拒绝的原因是他觉得有伤风雅。

关公说要杀掉貂蝉。但是，真要动手，他又有点怜香惜玉。关公作为情圣，对美女有一颗柔软的心；作为仁者，他不愿杀美丽的东西。于是，以仁义礼智信著称的“智”关公，灵机一动，马上就编出了一个故事：

传说貂蝉是个美女妖，砍她的头、剁她的身是杀不死的，只有月下斩影才能致死。

当夜，关公趁貂蝉在月下花园踱步的时候，不声不响地挥动青龙偃月刀向月下她的影子砍去，“咔嚓”一声，果然貂蝉应声而倒。

就这样，关公把貂蝉给放走了。

为什么情圣关公会拒绝倾城倾国的貂蝉呢？

貂蝉确实貌美，但关公知道，她再美其实不过是一个高级妓女，或者说是一个女特务，她本是一个权势老头司徒王允的歌姬和小蜜（对外的身份是养女），是老头子连环计中的一环，是用她来离间吕布和董卓，让吕布杀董卓的一颗棋子。

古代各剧种多演这一剧情，剧名《连环计》，也叫《凤仪亭》，由元人杂剧演化而来。《三国演义》中的《连环计》描写，是根据元杂剧情节展开描写的。

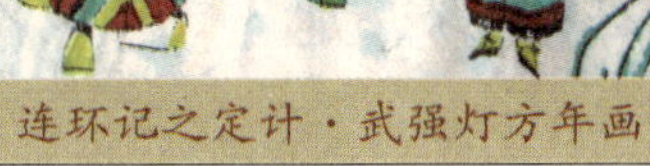
连环记之定计·武强灯方年画

连环计之小宴·武强灯方年画

《连环计》描写东汉董卓倚仗义子吕布之勇，欺压诸侯，残杀朝官。司徒王允看不惯董卓专横跋扈，和歌姬貂蝉订下连环计，

连环计 · 杨家埠年画

连环计 · 红船口年画

先将貂蝉诈作自己女儿，许给吕布，又请董卓赴宴，让董卓携走貂蝉，收为姬妾，使董、吕之间产生矛盾，父子反目，最终使吕布杀死董卓。京剧、晋剧中有《小宴》，即源于此剧。民间年画也多描绘此情节。

后来功成，貂蝉假戏真做，真的睡在了当世英雄吕布的床上。

从司徒王允的床上，辗转到董卓床上，再到吕布床上，不谈爱情，只为目的出卖肉体，这不是妓女是什么？

关公是知道貂蝉这一背景的，心高气傲的关公洁身自好，不愿意让这样一个乱七八糟的女人玷污了自己的清誉。这是他拒绝貂蝉的原因。

杀人如麻的关公竟然不杀貂蝉，或许，在他内心深处对这位妓女动了恻隐之心，毕竟貂蝉是为民除害，为国捐躯，她是为了杀坏人而牺牲自己色相，毫无私利可言，不说是女英雄，也是大义凛然，巾帼不让须眉吧。对这样为了大义而不惜牺牲自己身体的女子，以义著称的关公是尊敬的。或许还有惺惺相“吸”之感吧。

当然，关公不杀貂蝉的原因，更重要的是出于男人怜香惜玉的心理。貂蝉之美，美若天仙，灿如鲜花，对这样美丽的女子，关公不忍下手。因为美也是一种力量，胜过千军万马的力量。关公不杀貂蝉，才符合英雄美人的约定俗成。

然而，这两个原因，或许都还只是表面原因。还有更深层的隐秘的原因，这就是关公心中暗恋的情人——那个被曹操抢走的有夫之妇。

凤仪亭·武强年画

两个都是如花似玉的大美人，两个中间取舍，鱼和熊掌，关公更倾心的是他心中的暗恋之鱼。

或者，鱼比熊掌更清洁，更秀气，更灵动，故而为关公之所欲也。

但不能说关公对貂蝉就不曾动心，任何一个男人，面对中国四大古典美人之一，都没有不动心的，除非他不是男人。

关公本是一个疾恶如仇杀人不眨眼的人，从他放掉“妖女”，就可以看到关公对貂蝉的怜惜。怜惜是什么，怜惜就是爱。

关公还挖空心思画蛇添足地为放她找了一个稀奇古怪的理由——月下斩影。可见，关公彼时不仅举止反常，而且已经失态，手足失措了，从这月下斩影的细节可以看出情圣关公动了真情。

英雄都要为英雄的身份付出代价，圣人也要为圣人的姿态作出违心的牺牲，其中一个代价、一种牺牲就是要拼命压抑自己的感情。

所以，关公“月下斩影”杀貂蝉，就和武松杀潘金莲一样。

潘金莲爱的是武松，武松爱不爱潘金莲呢？这就很难说得清楚，可能连武松自己也说不清楚，说不清楚是因为他不敢说清楚，甚至他不敢想。因为潘金莲是自己的嫂子，爱上自己的嫂子是乱伦，这绝非英雄武松敢为。

潘金莲一直都在勾引英俊的武松，或暗示或明示她的如火恋情。如果说

武松杀潘金莲·红船口年画

面对美貌绝伦、风情万种的美人武松没曾动心，那武松就不是男人了。但最终武松还是杀了这“贱人”。

武松杀嫂有复杂的心理，主要是因为潘金莲和西门庆的私通，罪不可赦。武松不可能接受和自己哥哥睡过，又和别的男人睡过的女人，他是恨潘金莲没有单纯地成为自己的女人，因此只能杀了她。

潘金莲曾激起武松说不清道不明的复杂情感，曾带给他微妙的生理冲动，武松不愿让这个女人再为别的男人所有，因此只能杀了她。

这里，又可以看出关公“月下斩影”杀貂蝉，其实和武松杀潘金莲的心理和方式都是完全不一样的。

武松杀潘金莲的心理，可能是遗憾多于愤然。人人都说他是为兄报仇，是大义凛然，我看未必。只不过他的方式太鲁莽，是英雄的举动无疑，但不过是草莽英雄所为。

关公“月下斩影”杀貂蝉的心理，是怜香惜玉，是爱慕，是为了爱拉开心理的距离，这样的爱慕有想象空间，也有张力，且神不知鬼不觉，唯有自己知道，留下了思念，也留下了美好。

所以关公成为关帝是有理由的，成为关圣乃至情圣都是有理由的。关公知道如何做得大大方方，大义凛然，有益自己的形象，又不让自己心痛。

而武松只知道如何做得大义凛然，有益自己的形象，却不知道如何做才能不让自己心痛。两人都是英雄，英雄的处世方式不同，境界迥异。

据说，貂蝉带着对“美髯公”的无限遗憾和眷恋，从此流落民间，嫁给了一个姓张的屠户。这是一个诙谐的幽默：尽管屠夫不是英雄，但同样干着和关公一样的事业，无非是一个杀人，一个杀猪而已。

这不过是黑色幽默。很可能，大美人貂蝉下嫁屠夫之举，只不过是赌气做给关公看的，她要让关公后悔一生！

关于“关公月下斩貂蝉”， 民间还有一个不同的传说。故事说的是曹操三日一小宴，五日一大宴，上马金下马银，终究留不住关公，遂使出美人计。一个月夜，让貂蝉勾引关公，结果关公不为美色所动，将其斩杀。

不过，这一真杀，了无生趣，不如前面“月下斩影”富有艺术性和想象力。

关公和兄嫂

对于刘备的两位貌美如花、端庄娴淑的夫人，自己的兄嫂，关公是真正地当了一回圣人。

千里走单骑·高密年画

关公和刘备的两个夫人陷落到曹操的手里后，曹操为了笼络人心，对关公百般殷勤，体贴入微。

曹操派了10名美女伺奉关公，关公却叫这10名美女都去服侍兄嫂。这些美女能歌善舞，风情万种，作为一个将军，不动色心，不动手动脚，有人说体现了关公作为情圣对于年轻女性的尊重。

其实这是他对两位兄嫂的尊重。

曹操无法，使出了最后一招，将刘备的两个夫人安排和关公同居一室。

夜读《春秋》·滑县年画

曹操收降关公以后，故意让关公和甘、糜二位夫人同住一宅。晚上，关公要读书，二位嫂嫂要做针线活，但曹操每晚只给他们送去一支蜡烛，想让他们共用一支蜡烛来败坏关公的名节。关公识破了曹操的用意，抽出宝剑，把蜡烛劈为两半，一半自己用，一半给兄嫂。

关公不动声色，点起蜡烛，独自坐在门口，专心致志地阅读《春秋》，通宵达旦，毫无倦色。

这样的情节设计当然有附会成分，想想曹操作为一国丞相，事务繁忙，日理万机，哪里有时间专门去管关公？

《三国演义》中，对这段历史和这一情节作了不乏附会内容的详尽描写，在第二十五回目中，公元200年，当关公下邳兵败、“土山三约”降曹后，写道：“……次日班师还许昌。关公收拾车仗，请二嫂上车，亲自护车而行。于路安歇馆驿，操欲乱其君臣之礼，使关公与二嫂共处一室。关公乃秉烛立于户外，自夜达旦，毫无倦色。操见公如此，愈加敬服。既到许昌，操拨一府与关公居住。关公分一宅为两院，内门拨老军十人把守，关公自居外宅。”

关公作为刘备的兄弟，他遵守封建主义精神文明的伦理道德，坚决不干叔嫂通奸的事，让曹操的阴谋破产。

这一细节，是关公作为一个情圣的升华，也是一个闪光点，为后世树立了一个怎样对待嫂子、对待朋友妻子的典范。

曹月娥的悲哀

或许是报应，关公在和曹操拜别、过五关斩六将的时候，曹操的女儿曹月娥深深地爱上了关公，决定以身相许。

曹月娥是为了满足自己内心的浓浓爱意，事实上她不过是替罪羊——替父亲赎罪。

传说曹月娥为了获得英雄的心，追到了许昌，她终于月下追上了关公，表达自己非要嫁给关公的坚定决心。

但是，关公将她痛骂一顿：我乃忠义之士，怎能娶奸臣之女！

满脸羞愧的曹月娥当场自杀身亡，死于关公的赤兔马蹄下，关公黯然泪下。

作为情圣，他刻苦铭心地爱着自己的初恋情人小玉，爱着自己暗恋的少妇，曾经沧海难为水，除却巫山不是云，因此拒绝了别的美女的一往情深。

这一传说固然为关公脸上贴金，但似乎写得离谱，可戏说，不足信也。

关公的老婆胡玥

从范晔的《后汉书》、陈寿的《三国志》，到罗贯中的《三国演义》，关公的形象都是不近女色的，忠义、勇猛和不近女色是关公的标识，也是关公的品牌，容不得丝毫杂质。

关公真的不近女色吗？根据资料显示，非也。

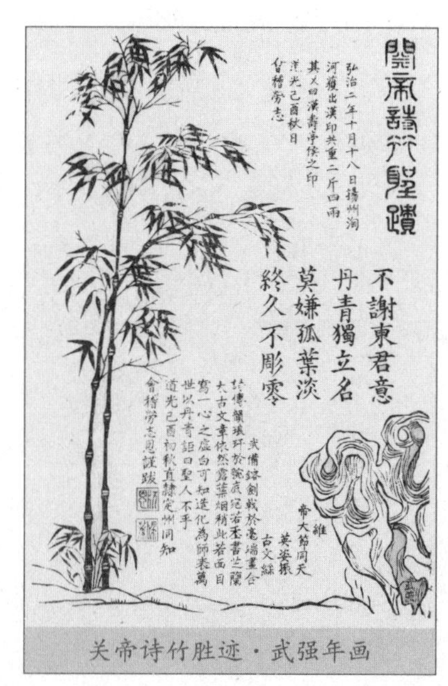

关帝诗竹胜迹·武强年画

关公是有女人的，姓胡，叫胡玥。他们还生有一个儿子，叫关平（一说叫关索）。有关资料记载："稍长娶妻胡氏，于灵帝光和元年（178年）五月十三日生子关平。”

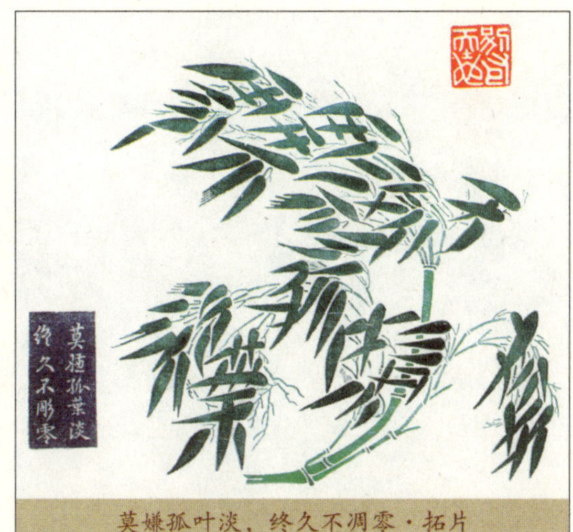

莫嫌孤叶淡，终久不凋零·拓片

民间年画中有一幅著名的关公年画《关帝诗竹》，这幅年画记录了关公和妻子的故事：

关公自小家中穷困，无钱请先生教书或入私学。一位好心的匈奴族老人，看到关公天资聪颖，便收他为学生。

那老人有一独生女儿，名叫胡玥，与关公朝夕相处，青梅竹马，互生爱慕之心。

后来，胡玥的父亲看透了女儿心思，更自信关公人才出众，便将女儿嫁与关公为妻。关公17岁结婚，18岁时得子关平。

胡玥深明大义与大礼，是一个典型的贤妻良母。得知关公要为民除害时，极力相从，后来关公杀人后，胡玥隐姓埋名，携子远避到五龙峪乡娘娘庙村。

胡玥教子之余，上山挖药，帮助老百姓治病，排忧解难。

传说，关平成人后，胡玥嘱儿前去投奔父亲。儿子临行前，胡玥满腹心里话，无法成书，着儿子带了信物外，又摘了些家乡青梅与一枝竹子，嘱咐儿子一定交给父亲，说关公最好吃青梅，又最爱竹子——高风亮节，四季常青等。

实际上还有一重意义：青梅竹马，永不变异。

关公父子相认后，更思念妻子，几夜难眠，最终以画隐诗，以诗明意，即今传于世的《关帝诗竹》，此前也称为《风雨诗竹图》或《风雨竹图》。

那风雨中的竹叶组成一首五言绝句：不谢东君意，丹青独立名。莫嫌孤叶淡，终久不凋零。

诗中以“孤叶”自喻，表示自己历经风雨，对爱情不会随风就雨，一定忠贞不渝，即使“东君”再送花多，也独善其身。这首诗和这幅画，都成了

关公、关平（捧印者）和周仓·佛山年画

关公、关平和周仓·佛山年画

中国独善其身传统精神的体现，也成为中国古代著名年画之一。河北武强、山东杨家埠等地都有此年画。

不过，也有书上描述，《关帝诗竹》不是画给妻子的，而是画给曹操的。据说诗中的“东君”，指的就是曹操。这幅画的意思，就是让曹操死了留住他关公的心。

不过，笔者更倾向于此画是为胡玥而画。后来，胡玥无疾而终。当地老百姓曾为她立庙供祀，直到20世纪40年代末，原庙毁于兵火，20世纪90年代初，当地老百姓又捐资重建了新庙。

常平关帝祖庙殿中也有胡玥供像，成于明末清初。明万历四十二年，即公元1614年，明神宗谥封关夫人为“九灵懿德武肃英皇后”，同时封关平为竭忠王，关兴为显忠王。

受封后的关夫人，凤冠霞披，形态栩栩如生，端庄华贵，慈祥威仪，当香客跪拜像前，那双眼似能说话，叫人备感温和。常平关帝祖庙因此成为天下闻名的关帝庙。

据民间信仰，关公除了不充当“送子”神外，是一个全方位之神。而此庙中，关夫人充当的神正是“送子娘娘”。从这个意义上讲，常平关帝祖庙是全方位的神庙。

花关索的来历

人们都知道关公夜读《春秋》，很多人却常常争论关公到底有没有老婆，尽管传说中有一个胡玥，尽管有些志书小说描写关公有老婆有小孩，但很多专家认为不可信。

这是未能解决的“三国问题”之一。这一问题从古人到今人，已讨论了几百年，却没有结果，成了一桩悬案。

《煮酒品三国》也谈到了这一点。《煮酒品三国》是一位民间学者写的，作者叫沈忱。沈忱1983年开始在报纸上开了“三国趣谈”专栏。

沈忱出生于学者世家，其父沈家仁是研究《三国演义》、《水浒传》的名家。

关公、关平和周仓·武强年画

关公到底有没有老婆？沈忱在《煮酒品三国》中认为，关妻和关儿都是虚构出来的人物，否认《全像通俗三国志传》对关公妻儿的记载和描写。

在《全像通俗三国志传》中有“关索荆州认父”章节——

忽有小校报曰：“门外有一小将军，姓名花关索，身长七尺，面似桃花，他要进见，特来报知。”关公曰：“唤他入来见吾。”小校传令与索。索谓母曰：“母亲与妇暂且在此片时，儿先入见爹爹。”索入见关公，双膝跪下，垂泪曰：“儿三四岁时，见父不在家，常问于母。母道父亲自杀本处霸豪，逃难江湖，雁杳鱼沉，不知何所。又值家贫，只依外父胡员外抚养长成，指教说父昔日在桃园结义，今闻在荆州，特来寻见。”

四神像·中为关公、关平和周仓·内黄年画

关公迟疑不信。张飞扶起索，谓云长曰：“吾看此子，必不妄认。兄出外日久，家中事恐忘怀了。可仔细思想，逃难之时，嫂嫂有怀孕否?”

关公沉吟半晌，曰：“吾逃难时，妻小果有怀胎三个月。但此子即是吾儿，宜姓关，何姓花，名关索，吾故不敢遽认。”

张飞复问其故。索答曰：“七岁时，元宵观灯，迷失道路，被索员外拾去，养至九岁，进与班石洞花岳先生学习武艺的，因此兼三姓，取名花关索。”

经过一番曲折，夫妻终于团圆。

这段内容也成了自明代起关公有老婆儿子的原始证据。令人惊奇的事是，“清康熙戊午，解州守王朱旦浚井，得关公圹砖，上刻公之祖考两世讳字生卒甲子甚详”。

圹砖，也就是墓碑，上面刻有关公上两代人的资料。王朱旦根据这些资料，写下了《关侯祖墓碑记》。在该文中也提到了关公的妻子：“侯长娶胡氏，于灵帝光和元年戊午五月十三日生子。”（《小说丛考》，作者钱静方，别号泖东一蟹，近代青浦人。）

沈忱认为，这两个故事都是民间艺人和小说家的附会。这就是说，花关索的来历不明。

其理由是，关公原本就是一个平民化的英雄人物，出身低微，加上早年还是个通缉犯，亡命江湖，家庭离散很是正常，其妻子不见经传并不出奇。

只是因为后来关公名振华夏，关于他的野史稗文越来越多，把事情弄混淆了。而关妻和花关索的故事往往容易被人接受，所以很容易就出现在后来的作品里。

根据常理推测，相貌堂堂的美男子关公也不会是光棍，有家室很正常。可能当时关公的社会地位并不如后来这么高，不值得记录；也可能是陈寿、范晔忘记记录下了，就把关公妻儿给漏掉了。

关于关公的妻子，民间还有一些说法。如说关公镇守荆州时，由于环境相对安定下来，又加之年事已高，在收了关平做义子以后，为了延续宗族香火，娶了妻室，先生一子，次生一女。

有人还说，尽管这段婚姻没有爱情，只有责任和义务，但是关公作为情圣，他把对小玉的爱化成对妻子的照顾，并且使妻子和儿女享受着天伦之乐。

如果关公真的有妻子，那么她应该是刘备的弟妹、张飞的二嫂、关平的义母和关兴的娘亲。

四神像局部之关公、关平和周仓·内黄年画

关公之女嫁给谁

“如在其上”出自《中庸》：“子曰：鬼神之为德，其盛矣乎！视之而弗见，听之而弗闻，体物而不可遗。使天下之人，齐明盛服以承祭祀，洋洋乎如在其上，如在其左右。”

如在其上·内黄年画·中右为关公

大意是孔子说鬼神的德行，太盛大了。用眼睛看，看不见；用耳朵听，听不见。但是任何事物之中，都有它的存在。天下的人斋戒沐浴，穿上盛装祭祀它。它如江海之水一样，洋洋洒洒，好像就在人的头顶之上，又好像就在你的左侧右侧。

民间年画中的《如在其上》，表达了对神的敬畏感。

“神之格思”出自《诗经·大雅·抑》：“神之格思，不可度思，矧可射思！”大意是：神灵来去无踪影，何时降临猜测难，岂能怠慢不奉敬！

关公自己的情史不如意，他总是想让自己女儿的情史变得如意，避免重蹈他的覆辙。

《三国演义》中，东吴孙权为了和荆州的关公拉近关系，派诸葛亮的哥哥诸葛瑾为媒，想娶关公的女儿做自己的儿媳妇。关公知道后，当着诸葛瑾的面大骂孙权，说：“虎女焉能嫁犬子！”把孙权比成了狗。

结果是两家闹翻，孙权派吕蒙抄了关公的后路，夺了荆州，杀了关公父子，并由此引发了吴蜀一场大战，张飞和刘备也在战前战后分别死去。关公的那句骂人话“虎女焉能嫁犬子”，可以说是后果不堪设想。

“毛批”曾评论过关公这句不恰当的话，刘备娶过孙权的妹子，虎兄尚且可以娶犬妹，虎女为什么就不能嫁犬子呢？而且东吴孙氏，从孙坚、孙策到碧眼儿孙权，一个个都是英雄了得，曹操都忍不住夸道：“生子当如孙仲谋！”说孙权是“犬”，比喻不当。

如在其上局部之关公·内黄年画

东汉末年乃至三国两晋，北方人都自居是华夏正统，而把南方人视为蛮夷，《世说新语》中就有很多北方人小看南方人的段子。关公是北方人，免不了有些地方观念，顺口就把东吴孙权比成了狗。

但关公作为一方守将，也算个举足轻重的政治人物，似乎不该当着对方使臣的面，如此轻率地破口骂人，更何况这位媒人还是己方军师的哥哥。

关公不想把自己的女儿嫁给东吴最高领袖的接班人，那么，他到底想将女儿嫁给谁呢？

其实，关公骂人大有文章。关公只有一个宝贝女儿，他心目中已经有了乘龙快婿，而且这位女婿人选的身份很敏感，关公自己不便说出来。

东吴是西蜀的友好邻邦，双方要联合抗曹，孙权的妹子已经嫁了刘备，西蜀方面嫁一位女人到东吴也是顺理成章，事情闹到刘备、诸葛亮那里，肯定一下子就成了。这样就打乱了关公的算盘，所以关公一听就火了。

神之格思·内黄年画·中右为关公

那么，关公心目中的女婿人选是谁呢？那就是历史上著名的刘阿斗。

刘、关、张三人是桃园结义的兄弟，关、张二人是要保着大哥刘备做皇帝的，刘备做了皇帝，阿斗就是下一位皇帝，关、张两家的下一代必须和刘家结亲，才能永葆富贵。

对刘备来说，阿斗要结婚，首选的人家也是关家和张家。但这个事情刘、关、张三人都没法直说，只能由外人来撮合。关、张二人虽然兄弟情深，但在这件事上，也只能暗中较劲。

孙权派诸葛瑾来提亲，在关公看来，是无形中帮了张飞的忙，而坏了他关公的事，所以关公才大发雷霆。

关公后来大意失荆州，兵败身亡，他的女儿也下落不明。关公的嫁女愿望不了了之。

当刘阿斗做了皇帝后，由诸葛亮等人为媒，娶张飞的大女儿做皇后。张皇后病故以后，还是由诸葛亮等人为媒，续娶张飞的小女儿为皇后。两位皇后都出于张家，正说明刘、关、张三人当初都有结亲的意愿。

古人重视政治婚姻，对于爱情是不讲究的。刘备自己娶了几次亲，糜夫人是大财主糜竺的妹子，孙夫人是东吴孙权的妹子，后来做皇后的吴夫人本来是刘备本家的一位弟妹，但他也毫不在乎地夺了过来，因为吴家是四川的大族。

诸葛亮也不例外，他的夫人黄阿丑，是一位著名的丑女，但出身于荆州大族，诸葛先生也就毫不在乎她的相貌。诸葛亮的年龄本来比刘阿斗要大得多，差不多是两代人，但后来他儿子诸葛瞻还是娶了阿斗的女儿，做了驸马，孔明和阿斗成了儿女亲家。

关公心里为自己女儿安排做侄儿阿斗的皇后，在当时，这种想法也是合情合理的。因为假如女儿嫁到东吴，那就不是当皇后了，而是做人质了。

还有一个原因，刘、孙既有联合又有斗争，将自己的女儿嫁给孙权之子，似有里通外国之嫌疑，无论如何，都会引起刘备的担心和怀疑。这是“忠”关公断不可为的，否则，一生的清誉，就将毁于一旦。

所以，傲气十足的关公只能拿遥远的孙权出气：“虎女焉能嫁犬子！”

关公的子女

关公有无子女，众说纷纭。根据民间传说和有关史料记载，关公有如下子女。

关平，关公长子，跟随关公征战，与关公一同被斩于临沮。在《三国演义》里面他是关公的义子，关定的儿子。

上关下财·内黄年画·上为武财神关公，下为文财神

如在其上·内黄年画·当地也称为《五像》，第三排右为关公

关兴，关公次子，少已有名，深得诸葛亮器重，弱冠后担任侍中、中监军，数年后死去。

关凤，关公之女，孙权曾为子求婚，遭关公所拒，并辱骂来使。

关索，此为戏曲中人物，史中无载，传说中为关公三子，关公失荆州后在鲍家庄养伤，诸葛亮南伐孟获时才归军，作先锋。

关公的孙子有——

关统，关兴长子，妻为公主，官至虎贲中郎将，卒，无子。

关彝，关兴次子，关统死后承袭其位。

关公到底有没有后裔，也有争议。《三国志》裴注中言，蜀汉灭亡后，庞德之子庞会尽杀关氏为父报仇，关公一脉已断。但这段

如在其上局部之关公·内黄年画

记载的可信度有争议。

后世的山西解州、湖北当阳、河南洛阳等地有关姓氏族，常自称为关公后裔，然多无可查考。

第二章 关公的一生

关公的一生，是真实的一生。他是一个有血有肉，有大义，有情感，也有明显缺点的人物。正因为他有缺点，相对于神，他让人亲近。

关公偶像化自隋开始，历宋元加封为王，明时封协天护国忠义帝、伏魔大帝、关圣帝君，南宋始被列入正式祭典之中。到了清代，关公被封为忠义神武关圣大帝，得武帝、武圣人尊号，与周文王、文圣人孔子并列，其庙被崇为武庙，与孔庙并祀，皇室与国家社稷均置于关帝的特殊保护之下。然而，关公被神化是在他死后很多年之后，探究他成为神的原因，还是要回到他作为人的原点，了解关公一生的传奇，才能更清楚地了解他成为神的轨迹。

关公的出生

关公的生辰正史不见记载。运城市常平村关帝家庙内有立于清康熙十九年(1680年)的《前将军关壮穆侯祖墓碑铭》，记其生于“桓帝延熹三年(160年)六月二十四日”。

关云长·潍头年画

民间对关公生辰流传有好几种说法。比较、考证几种资料，较为可信且成公论的是：关公生于延熹三年六月二十二日。

此论见于明崇祯二年(1629年)立于石磐沟关公祖茔的《祀田碑记》和清乾隆二十一年(1756年)编修的《关帝志》，均言关公生于桓帝延熹三年六月二十二日。

这里有两个时间，相差两天，一个是东汉延熹三年农历六月二十四日，一个是东汉延熹三年农历六月二十二日，关公降生于今运城市常平乡常平村，当时称为直隶校尉部河东郡解县池里下冯村（一说常平里），他卒于公元219年。

立刀门神·武强年画

关于关公的父亲的职业，众说纷纭，有说是打铁的，有说是做豆腐的，也有说是砍樵卖柴的，总之是一个下层劳动人民，是一个具有封建文化教养的农家。

关公父亲得子较晚。虽然家穷，也尽力为儿子读书提供方便。关公在今解州城内读书时，父亲为了照料儿子，便在城里开铁匠铺，遗址就是现在的铁匠巷。

后来，关公长大，习文练武兼做农事。相传，当年关公是在今解州社东村风圣庙(即风后故宅而成庙宇，遗址今为社东小学)习武，由父亲照料儿子的生活。

关公从幼年开始，便喜读《左氏春秋》等儒家经典，深明大义。在习文练武时，他对民间传说中的英雄人物、书中仗义行侠的武士和他看到的民间绘画和雕刻中的门神，尤为崇拜，心想自己长大了也要做这样顶天立地的人物。

门神何大元帅

门神神虎大元帅

关公的父亲为人忠厚，热心乡里，助人为乐，德高望重，所以，他后来投井自尽，引得众人怀念，才有众人香火祭奠等事。

关公的家世

《三国志·关公传》称关公为“河东解人也”。河东最早以解为地名者指的是盐池。据《孔子三朝记》记载：“黄帝杀蚩尤于中冀，蚩尤股体身首异处，而其血化为卤，则解之盐池也。因其尸解，故称其地为解。”

古代的盐池亦称解池。春秋时期有解国，战国并于魏，称解地为解梁。

清乾隆二十一年(1756年)刊印的《解梁关帝志·谱系考辨》云：“关氏之先，出夏大夫关龙逄。一云关令尹喜之后也。”

关龙逄是夏朝君主桀手下的一位大臣。据《中国人名大辞典》关龙逄条记载：“桀为长夜之饮，龙逄常引黄图以谏，立而不去。桀曰：‘子又妖言矣’。于是焚黄图，杀龙逄。”

《关帝志·汉寿亭侯父祖辨》云，清康熙十七年(1628年)，州守王朱旦在常平村关帝家庙殿西浚井时得一碎砖，砖有字画：“左偏字五，曰：‘生于永元二’；右偏字三，曰：‘永寿三’；中十七字，曰：‘先考石磐易麟隐士关公，讳审，字问之灵位’；傍有字三，曰：‘男毅供’；砖背字二，曰：‘道远’。”

参照其他史籍考证得知，关公的祖父关审，字问之，号石磐，

王殷二帅门神

马赵二帅门神

生于汉和帝永元二年，是一位对《易经》、《春秋》有深入研究的的读书人。他崇尚老聃，信奉道教，学识渊博，以象数之学和儒家之学推行教化。

和帝刘肇执政时，东汉王朝已进入衰败时期，君主昏庸，外戚乱政，宦官专权，内讧不止。饱经世故的关审看到朝政腐败，信守“祸兮福之所倚，福兮祸之所伏”的经训，逢乱世而退避，绝意仕途，不求功名，数十年“绝尘市轨迹”，不交结富豪，不攀附权贵，清静无为，洁身自好。

石磐公活了67岁，在桓帝永寿三年(157年)谢世。关公的父亲、关审之子名毅，字道远，生卒时间不见记载，亦无从考辨。

关道远同其父一样，是一位有文化的布衣之人。父亲死后，他“结庐守墓三年”，脱服以后便专事农耕，安分守己，教子传家。

有这样一位有文化的农民布衣父亲教育，自小读书习武的关公崇尚传统文化中的一些神奇人物，看到门神中威风凛凛的大元帅，向往大元帅驰骋疆场的壮烈。他没有想到，后来他也成为了大元帅，成为了门神。

但在成为大元帅之前，要干一件惊天动地的事情。干什么事情能惊天动地呢？杀死当地最坏的恶霸，就能引起轰动。常平村关帝家庙刻于清康熙十九年(1680年)的《前将军关壮穆侯祖墓碑铭》，记述了关公干的这件大事。

铭文上记载，关公23周岁那年，路见不平，杀死了郡豪吕熊一家，“有司惮文法，遂迫求之，于是道远公及配淹芳腐井”，可知关公的父母是在关公打报不平、为民除害、外逃涿郡之前，惧怕官府捉拿而投井身亡。

《解梁关帝志·谱系考辨》中有“关氏三世由来已远，以忠继忠，异代同心，渊源固有自也”之说。

红脸关公来历

据民间传说，关公最早并不姓关，他姓冯名贤，本不是“红脸关公”，脸色也非红若重枣。

传说冯贤是杀了人才更名改姓的，他杀的第一个人是个员外。

东汉末年，那年冯贤刚19岁（一说23岁，即光和六年，公元183年），他从下冯村来到解州城，想求见郡守，陈述自己的报国之志、建功立业之抱

马赵二帅门神

王殷二帅门神

负。可是，郡守因他是无名之辈，拒不接见。

当晚，他住在县城旅馆里，听到隔壁有人哭，一问才知这个哭的人叫韩守义，他的女儿被城里恶霸吕熊（一说熊虎）强占蹂躏。吕熊作为员外，在当地有钱有势，勾结官宦，欺男霸女，为非作歹。

当时，解州城由于靠近盐池，地下水是咸的，不能食用，只有几口甜水井散落在城里各处。吕熊叫手下人将城里的甜水井都填了，只剩下他家院里的一口甜水井。还规定了一条，凡是来挑水的人，只准年轻貌美的女人来，否则不许进院门。

进来的年轻女人，不是被他调戏，就是被他奸污。大家又气又恨，但因需要喝水，加上吕熊财大气粗，谁也奈何不得。

韩守义的女儿让吕熊霸占后，气得老人叫天不应，呼地不灵，只能独自悲泣。

冯贤闻知此事，怒火中烧，提着宝剑闯进吕家，挥剑三下五除二，一口气杀了吕熊和他一家，解救了姓韩的姑娘和其他良家妇女。

也有人因此断言冯贤是杀人不眨眼的魔头，吕熊倚势凌人、欺男霸女死有余辜，但也不该杀死无辜的全家人呀。

可能是为了维护冯贤的形象，民间还有一则传说，说他是在公堂上杀死吕熊及袒护恶霸的县令。

打抱不平杀了吕熊全家之后，冯贤连夜逃往他乡，亡命在外。他逃至潼关，看到官府缉拿他的公告贴在城门上，上面画着他的图像。在冯贤危急之际，观音现身，点化清泉，冯贤洗面，脸色变红。

过潼关时，冯贤遭到守关军官盘问，情急之中，冯贤手指关口，说自己姓“关”，终于蒙混过关。

戏剧《关公出世》，搬演的就是这一故事。

关公杀吕熊的另一版本

关于冯贤（关公）杀吕熊，在古代还有一个传说版本。

据史料记载，汉武帝初年，为了加强中央财政收入，专门在河东设立了中国历史上第一个管理盐务的机构，官名即称盐官。汉末，官盐私营相当严重，董卓曾在河东郡当过太守，后又升为并州牧，因而为培植势力，网结了一批贪官与私营盐商。

其中有个叫吕熊的恶劣盐商，独霸盐池西端，扼断了西去今陕西、河南、甘肃一路盐运渠道，私蓄奴丁，为祸远近。

平陆人周仓，为生活所迫，曾越过中条山，前来盐池捞盐贩运，被吕熊盐丁追打负伤。关公将其救下，以致其后来对关公忠贞不贰。民间年画中的关公旁边往往有一将，即为周仓。

红脸关公·佛山年画

红脸关公·佛山年画

吕熊为巴结董卓，变本加厉，将老百姓家中水井填掉，只留下自己花园中一口井，告知四下，只许未成年少女去其家中挑水，以便坐地扣抓，再晋献董卓，害得老百姓流离失所。

关公对吕熊一伙的恶行怒发冲冠，最终决定为民除害，由人“导致吕氏党族七所”，将吕熊及其心腹爪牙一伙杀光。

关公父母得知儿子杀了吕熊一伙后，劝儿子逃走，但关公执意与父母同生死，其父母为断绝儿子后顾之忧，投井自尽。

关公推墙掩井，草草安葬了父母，再送走妻子后，挥泪出关。

现今常平庙内的金代砖塔，传说为当年关家水井的遗址。

故乡人多情重义，对于关公杀死恶霸的义举心存感激，也对他一家的遭遇十分同情，逢年过节，常常到人去宅空的关公故宅，奠祭香火，怀念死者，更祈祷上天保佑关公及其妻小平安，最终这里自然成了庙堂的雏形。

随刘备三顾茅庐

关公的人生，是在结识张飞、刘备后，开始出现转折。

关公出关后，流落江湖，遇到张飞、刘备，三人桃园结义，随刘备拉起一支队伍。

三顾茅庐・杨柳青年画

关公随刘备投奔袁绍后，兴师南进，袁绍派刘备南下汝、颍，攻掠曹操后方，被曹操部将曹仁击溃。

刘备逃回袁绍军中，受到猜忌。刘备暗中计划脱离袁绍，于是倡议袁绍跟荆州牧刘表结盟，以使曹操腹背受敌。

袁绍信以为真，派刘备带领本部人马，再度南下汝南与黄巾军领袖龚都等会合，兵力扩充到数千人，对曹操后方构成威胁。

是年七月，曹操为稳固后方，派大将蔡阳率兵讨伐刘备。刘备做了充分准

三顾茅庐·杨柳青年画局部

备和安排，率关公等部下迎战蔡阳。两军鏖战，曹军大败，蔡阳被杀。

建安六年(201年)秋，曹操统军进击刘备于汝南。九月，关公随刘备投靠荆州牧刘表。

至此，刘备脱离袁绍，取得发展自己势力的时机。刘表对刘备以礼相待，此后，刘备便在荆州屯兵。

从建安六年到十三年(201—208)，关公始终紧跟刘备，在这八年中，刘备努力礼聘人才，扩展军事势力。

三顾茅庐·武强年画

建安十二年(207年)，刘、关、张三兄弟来到诸葛亮隆中草庐，三顾茅庐，始请得诸葛亮出山相助。关公驻军于新野(今河南省新野县南)达7年之久。

关公和张飞看到刘备和诸葛亮联系日益亲密，心中不悦。刘备察觉以后，严肃批评他和张飞说："孤之有孔明，犹鱼之有水也。愿诸君勿复言。"（《三国志·蜀书·诸葛亮传》)关公和张飞就再也不表示反对了。

都督荆州封为前将军

关公的一生，是追随刘备的一生，他的义和忠，都是为刘备而起；他的勇和智，都是为刘备而生。

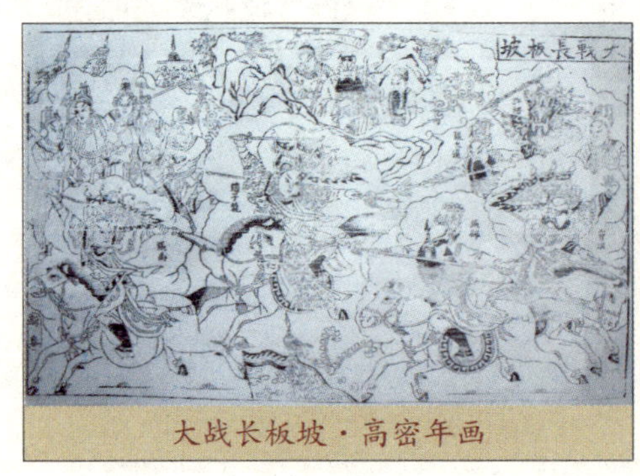

大战长板坡·高密年画

赤壁之战·群英会·武强年画

建安十三年(208年)，曹操亲率大军南征刘表。刘表死，继任荆州牧的刘琮投降曹操。刘备为避开曹军锋芒，便撤离樊城，向江陵(今湖北江陵)退去，并派关公带领一万多水军，从水路往江陵会合。

刘备军撤退到当阳长板坡(一说长阪，今湖北当阳东北)时，被兼程追来的曹操骑兵打得大败，去江陵的路途被曹军截断，刘备只好斜趋汉津。关公率水军前去接应，卫护刘备退到了夏口。

赤壁之战·火攻计之一·平阳年画

据《蜀记》记录，当年刘备在许昌，与曹操一同打猎。关公曾劝刘备乘人散混乱之际，杀掉曹操，以绝后患。因为情势不妥，刘备没有允许。

赤壁之战·火攻计之二·平阳年画

赤壁之战·火攻计之三·平阳年画

在汉津会面后，他们一度漂泊无依，关公愤愤不平，说："当年在猎场上，假如听了我的话，就没有今日的困厄之灾了。"

刘备解释说："当时，也是为国度着想，珍惜曹操是难得的人才。再说，假如天意辅佐正人，又焉知今日的漂泊不是我们的福气呢？"

于是，关公就不好再说什么了。

曹操占据江陵后，气魄更盛，大有湮没"无立锥之地"的刘备和毁灭江东孙权之势。这就引发了孙权、刘备联军大败曹操的赤壁之战。

十一月，孙、刘联军在赤壁(今蒲圻县西北)大破曹操。

赤壁之战是刘备关公崛起的重要转折点。关于赤壁之战的文学艺术描绘中，创作了很多经典情节。如《群英会》、《火攻计》、《苦肉计》等，至今脍炙人口。

赤壁之战·火攻计之四·平阳年画

赤壁之战中，关公所率的一万精

赤壁之战·献苦肉计·桃花坞年画

锐水军是刘备的主力，在这场战争中起了主要作用。

后人为突出关公“全交重义”的特性，演义出了他在华容道上义释曹操的细节。

赤壁之战后，刘备伺机攻占了武陵、长沙、桂阳、零陵四郡(都在今湖南境内)。

建安十四年(209年)，东吴军事统帅周瑜病死，刘备从孙权手中“借”得荆州江北诸郡，加上孙权借给他的南郡，终于在荆州站住了脚。然后刘备封拜元勋，关公被任命为襄阳太守、荡寇将军，镇守荆州，带兵屯驻江陵。

建安十六年(211年）十二月，刘备应刘璋之请，率军西征入川，留诸葛亮、关公镇守荆州。荆州囊括南阳、南郡、江夏、武陵、长沙、桂阳、零陵七个郡，是曹操、刘备、孙权三方必争的战略要地。

关公都督荆州时，干了一件大事，他攻樊城，活捉大将于禁，斩大将庞德，水淹七军。当时刘备已称汉中王，封关公为前将军，假以“节钺”。

关公导致孙刘联盟出现裂痕

在关公身后的造神运动中，关公成为常胜将军，无所不能。其实，他也有很多缺点和不足，他的缺陷，导致了他的灾难和国家的不幸。

其中的一个问题是，他导致了孙、刘联盟出现裂痕。

当初，诸葛亮在《隆中对》中说：“若跨有荆益，保其岩阻，西和诸戎，南抚彝越，外结孙权，内修政理。待天下有变，则命一将将荆州之兵以向宛洛。将军(刘备)身率益州之众以出秦川，百姓有不箪食壶浆以迎将军者乎？”（《三国志·蜀书·诸葛亮传》）

这段话，是说刘备在获得荆、益二州树立基业之后，必定要外结孙权，形成稳固的联盟，然后才能北定中原。可见，孙、刘结盟是刘备北定中原

诸葛亮·绵竹年画

的根底。

但是，这联盟却由于种种原因，渐渐出现了明显的裂痕。

裂痕首先是由荆州的所有权问题引起的。

荆州位于长江中游，北据汉沔，利尽南海，东连吴会，西通巴蜀，对孙、刘、曹三家均有重要的战略意义。曹操曾想占领荆州，统一天下，但赤壁一战使他美梦成空；孙氏团体一贯以为荆州是必争之地。

由于荆州据上游之重要地位，只要掌握在他人手里，本人则处于被动位置。赤壁之战完毕，为了继续联刘抗曹，不得已，孙权只好暂借荆州给刘备。可刘备获得益州后，却无归还荆州之意。

联盟出现裂痕与关公对孙、刘联盟的重要性认识不足有很大关系。关公自恃勇武，对孙氏团体始终倨傲不敬。鲁肃与他单刀相会，讨要荆州，他理亏，但仍旧不肯从两家结合的角度着眼来妥善解决问题。

孙权派使者为其子向关公的女儿求婚，关公不但不应许亲事，反而骂使者，乃至骂孙权是犬，双方关系越来越僵。

在东吴大臣中，从大局出发，认为应与刘备团体修好共拒曹操的鲁肃已经逝世，而其余大臣，如替代鲁肃统兵的吕蒙，就以为关公平素骁勇善战，且有合并吴国的雄心，所以，请求出兵战关公。他

孙权·剪纸

鲁肃·剪纸

说："且羽君臣，矜其诈力，所在重复，不能够腹心待也。"（《三国志·吴书·吕蒙传》）

所以，孙权得到曹操联吴攻蜀的书信后，欣然许诺。他召吕蒙回建业，共商攫取南郡的方案。

关公也知孙、刘联盟不稳固，这时既要攫取樊城，又得防御孙权偷袭荆州。他看到东吴大将吕蒙屯兵陆口，就再三嘱咐糜芳和傅士仁当心镇守荆州，并将大部军队留在南郡，还沿江设防，二三十里设一个岗楼，建起烽火台。

大意失荆州

吕蒙探知关公防卫森严，无隙可乘，就佯称病重，上书给孙权，请求回去休养。孙权公开发布命令，调吕蒙回建业养病。

吕蒙引荐陆逊替代本人。当时，陆逊年少多才却无名气，正任定威校尉。孙权便任命他为偏将军、右部督，代替吕蒙。

吕蒙·剪纸

陆逊到任后，派使者给关公送去了礼物和一封信，信上恭维关公水淹七军，功过晋文公的城濮之战和韩信的背水破赵，还勉励关公发扬威力，取得彻底的成功。

关公看到陆逊是个无名晚辈，对本人又如此恭敬、诚实，就大胆放心了，把荆州大部军队陆续调到了樊城，计划趁徐晃的兵马还未赶到，大水又未完全退去，先攻下樊城。他亲自督战，抓紧攻城，而曹仁照旧据守。

陆逊把关公人马的调动状况具体地报告给孙权，且注明了本人的意见，以为关公可一战而擒。

关公在襄樊的兵马越来越多，加上新

得于禁降军数万人，粮食匮乏。他指责南郡太守麋芳和傅士仁的粮草运送跟不上，大怒说：“还当治之。”（《三国志·蜀书·关公传》）二人于是存有叛心。

吕蒙·剪纸

后关公为解当务之急，竟私自强占东吴储藏在湘关的粮食。孙权得知此事，觉得机会成熟，便命吕蒙为大都督，发兵攻击关公的后方。

是年十一月，吕蒙率军隐蔽前行，进至寻阳(今湖北广济东北)，把精锐士卒埋伏在伪装的商船中，令将士身穿白衣，化妆成商人，募百姓摇橹划桨，昼夜兼程，溯江急驶，直向江陵进袭，所有行动都进行得非常隐蔽和诡密。

驻守江防的蜀军兵士被伪装的吴军所骗，猝不及防，全部被俘虏，江陵城内空虚，陷入混乱。吕蒙先让原骑都尉虞翻写信诱降驻守公安(今湖北公安北)的蜀将傅士仁，又使傅士仁引吴军迫降守江陵的蜀南郡太守麋芳。

傅、麋二人平时就由于关公对他们傲慢而心怀不满，这次又听说关公回来要惩治他们，更是内心惊恐，于是在东吴大军兵临城下的情况下，献城出迎。

吕蒙遂率大军进据江陵，从而一举夺回蜀长期占领的荆州。吕蒙进占江陵后，尽得关公及其将领的家眷。吕蒙对他们加以优待和安慰，并下令军中不得侵扰百姓，还对全城百姓表现关怀，给有病的送医药，给饥寒者赐衣粮，使城内秩序疾速复原。

而骄傲轻敌的关公，对吕蒙攻击并占领荆州的举动竟毫无察觉。

败走麦城

曹操使者返回洛阳，带来孙权密信，说即派兵西上攻击关公，但请保密，以防关公得知有备。

曹操部属多数以为应代孙权保密。谋士董昭独持异议，以为应佯允保密而暗予泄露。

马上提刀门神·武强年画

董昭说，关公知孙权来攻，如撤兵回防，则樊城之围自解。关公南返与孙权交兵，两敌相斗，正好坐收渔利。若为其保密，使孙权得势，对我部毫无益处。再者，被围将士久不见救，担忧缺粮发生恐慌，一旦发生意外，场面将难以收拾，故应以泄密为好。

曹操采用董昭的提议，令徐晃用箭将孙权密信内容，分别射入樊城及关公营中。被围魏军得信后，士气倍增，防卫更坚。关公得信后，则既恐腹背受敌，又不愿前功尽弃，同时判定江陵、公安城防结实，吴军若真来攻，一时不能够攻克，因此处于彷徨犹疑、进退维谷的地步。

此时，曹操已率主力由洛阳进抵摩陂(今河南郏县东南)，并已先后派殷署、朱盖等12营兵进至偃城，归徐晃指挥。

关公军主力屯围头，一部屯四冢。徐晃以声东击西战术，扬言欲攻围头，却出人意外地突袭四冢。关公恐四冢有失，自率步骑5000人出战，被徐晃击败，当其退走营寨时，徐晃率军穷追不舍，紧随其后冲入营内。

当时关公营寨，外围深壕及鹿角十重，防守设施极为紧密，若从营外强攻极为艰难。现徐晃乘其军陷于混乱之机，由内突袭，一举大破之，杀降蜀之胡修、傅方。

时关公惊悉江陵失守，遂撤围退走，樊城围解。

曹仁部将多欲乘胜追击，参军赵俨以为，应保存关公必要实力与孙权作战，不宜追击。曹仁同意赵俨的意见，未安排追击。曹操得知关公撤退音讯后，果真派人转达命令，不许追击关公。

当关公撤军而回时，孙权已先到达江陵，派陆逊攻占夷陵(今湖北宜昌)、秭归(今湖北秭归)，切断关公入川退路。

在回军途中，关公多次派人到江陵探问音讯。每次，吕蒙都礼待来使，并让使者环游城中。使者回到关公军中，将士们晓得家人无恙，得到善待，于是斗志尽失，多数都半途而逃。

关公自知势孤，派人向驻扎上庸的蜀将刘封、孟达求援，二人以上庸新定为由，拒绝增援。关公陷于进退失据、腹背受敌的困境，遂西走麦城(今湖北当阳东南)。

这时，陆逊乘胜西进，攫取了宜都。关公看到麦城东、西、南三面全是敌人，而援兵又迟迟不到，决定突围回西川。

吕蒙知关公兵少，料到他要逃走必定走麦城北边通西川的小道，就事前派兵埋伏。

十二月，孙权派使者到麦城劝关公投降。关公提出叫吴军退兵十里，然后在南门相见。吕蒙果真退兵十里，等待关公投降。

关公及其子关平趁机带着十多个骑兵，偷偷地出北门向西逃去，被吴将潘璋部马忠擒获，大骂不降，关公与其子关兴一同被害于漳乡（今湖北当阳东北），壮别人间。

《三国演义》后又记载：关公遇难后，阴魂不散，荡荡悠悠，直到荆州当阳县玉泉山上空大呼："还我头来！"山上老僧普静闻曰："昔非今是，一切休论……"

关公生命的结局是悲剧性的。麦城败亡，使他"志扶汉祚"的一腔宏愿付诸东流，"出师未捷身先死，常使英雄泪满襟"。

更悲惨的是，他死后身首异处。传说关公死后，孙权将他的首级放入一只木匣内献于曹操。曹操开匣观看，只见关公口开目动，须发皆张，吓得曹操魂不附体，赶忙命人设牺礼祭祀，刻沉香木为躯，以王侯之礼葬于洛阳。

关公死后的确是头颅葬在河南洛阳，身子葬在湖北当阳，现今两地各有一处关陵，民间盛传关公"头枕洛阳，身卧当阳，魂在山西"。

关公死时年约五十八岁。刘备追谥关公为壮缪侯，其子关兴嗣。

关公大半生跟随刘备，为"匡复汉室"南征北战，策马横刀，驰骋疆场，征战群雄，灭董卓、破袁绍、战吕布、退曹操、守襄阳、定益州、督江陵，被封为前将军，屡建战功，攻败曹仁，威震一时。他辅佐刘备完成了魏、蜀、吴三国鼎立的政权割据，谱写出一曲令人感慨的人生壮歌，但最终却落得败走麦城的悲剧结局。威震华夏的英雄，竟然被一个无名小辈马忠所擒获并杀害，令人感慨万千。

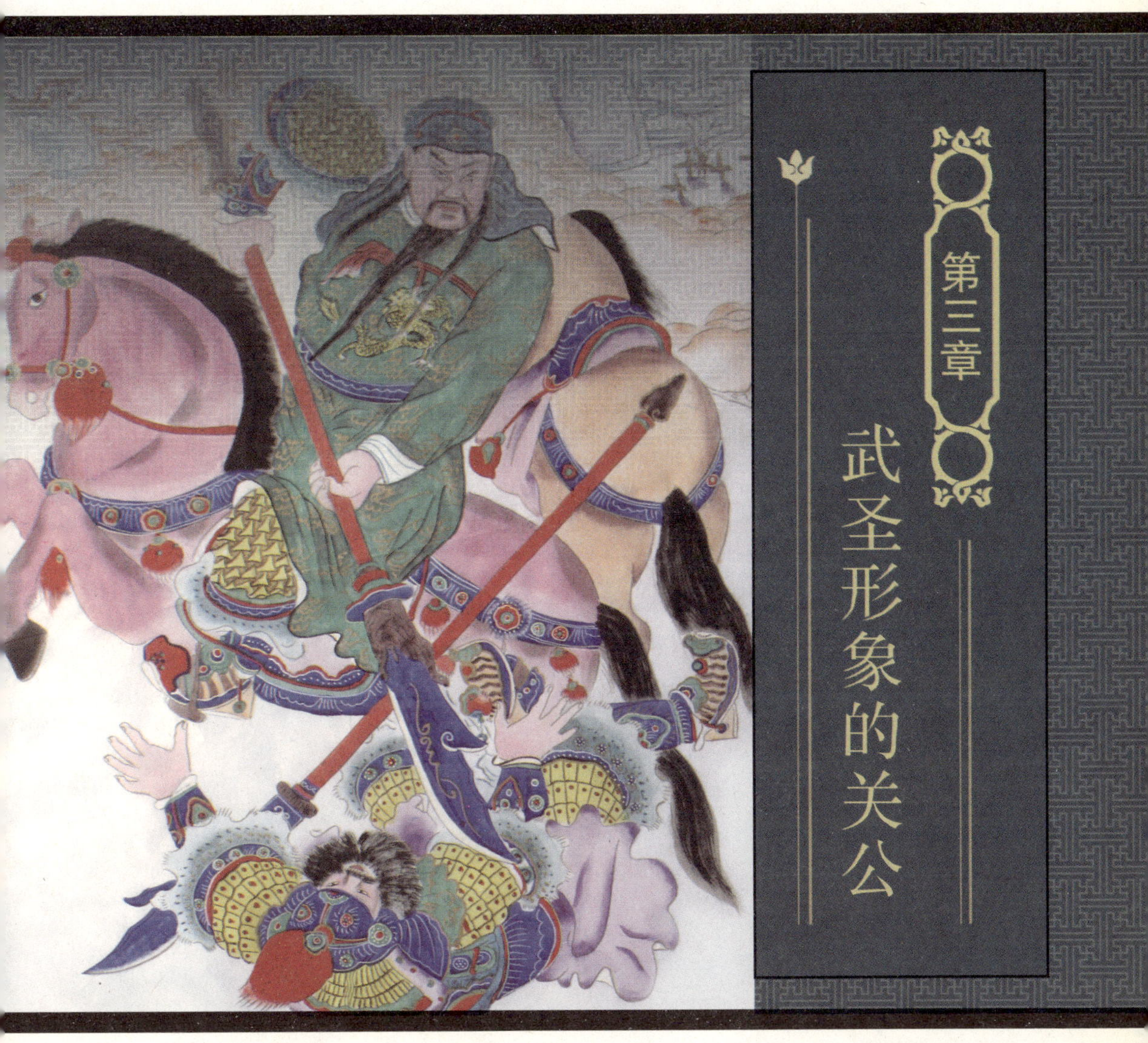

第三章 武圣形象的关公

关公的封号和尊称多得数不清，关公的形象也是无所不包。他是武圣，是财神，是伏魔尊者，是护法神，是龙王，是会门义气的象征，还是诸多行业的祖师爷。关公的尊称和形象，形成了丰富多彩的关公民俗，无论是人君、天帝，还是神、圣，都是因他的勇武而获得。也就是说，关公是以他的“武”立身扬名的，他首先是一位战功显赫的大将军形象。

武功的高低是一个武士或勇士的基础，武功高强，才称得上是武士或勇士，甚至英雄。相反，武功太低，就与武士或勇士无缘了，更别说武圣。关公首先是因为他的武圣形象的树立，而后建立起关圣大帝的形象。他的武圣封号不是浪得虚名，而是靠他的勇敢、武功和战绩树立起来的。透过他一生中干的几件大事，如斩颜良、诛文丑、单刀赴会、水淹七军和刮骨疗毒等，可以看到民间对他武圣形象的塑造和渲染。

斩颜良、诛文丑

斩颜良、诛文丑显示的是关羽的武功，尽管真实的关羽武功并没有那么高。

关羽降汉不降曹后，虽然身在曹营心在汉，但他感动于曹操的知遇之恩，他的报答方式是，策马扬刀于万众之中，斩颜良，诛文丑，解曹军白马之围。

建安五年(200年)，官渡之战爆发。二月，冀州牧袁绍调动十多万人马进军黎阳(今河南滑县东北)，征伐曹操，并派大将颜良进围白马，攻东郡太守刘延，以保证主力渡河南进。刘延告急请援。

四月，曹操计划消除侧翼威胁，北救刘延。谋士荀攸提议："今兵少不敌，分其势乃可。公到延津，若将渡兵向其后者，绍必西应之，然后轻兵袭白马，掩其不备，颜良可擒也。"（《三国志·魏书·武帝传》）曹操依其计而行。

斩颜良·高密年画

袁绍闻曹兵渡河，果真分兵向西，挺进延津。曹操趁机引兵向白马疾进，及距白马10余里时，颜良忽然得知，大为震动，仓促迎战。曹操派张辽、关羽为先锋，率部进击。

关羽跃马阵前，远眺望见颜良麾盖(大将所乘戎车，设幢麾盖)，直冲向前，在万众之中刺死袁之大将颜良，斩其首级而归，袁绍诸将"莫能当者"（《三国志·蜀书·关羽传》）。

这样的事情在中外战史上都是少见的，当着众将士的面，从对方阵营里跑过来，众目睽睽之下就把军中的主帅杀了，这太出人意料了。有人说，这种事只有"二杆子"才干得出来。

或许正是因为一般人都没有预料到，关羽才侥幸成功。如果等双方摆开阵势打战，关羽未必能取颜良的首级，谁赢谁输都还说不定。

其实关羽平时是很沉稳的，他赌徒般地这么干，是因为他立功心切。他一心想去找刘备，可他说了，他在走之前，必先报答曹操，立下大功。

当时关羽不是带兵的将军，他只是张辽的副手，就算打了胜仗，自己也没多大功劳。他知道，他必须立奇功，只能抢在别人前面把对方的主帅杀掉，这才叫奇功、大功。

关羽得手，曹操挥令大军冲杀，袁军大败溃散，遂解白马之围。

关羽斩杀颜良后，曹操备赞关羽的勇武。曹操知其必去，遂对他重加赏赐，封他为汉寿亭侯，这是关羽当时所获得的最高地位。被封为汉寿亭侯时，关羽已经40岁了。可见关羽是大器晚成。

单刀赴会

单刀赴会显示的是关羽的智勇双全。

赤壁之战后，曹操还占领着南阳郡和南郡的北部，孙权占领着江夏郡和南郡的南部。所谓“借荆州”，就是孙权将本人占领的南郡南部借给刘备。

次年，曹操率大军击吴，关羽执行诸葛亮联吴抗曹的战略方针，与曹将乐进、于禁战于青泥(今湖北省安陆县东)，击退了曹兵的进攻。

建安十九年(214年)，刘备进攻雒城(今四川省广汉县)失利，急调诸葛亮、张飞、赵云等入川支援，留关羽独守荆州。是年六月，刘备攻克成都，自领益州牧，正式任命关羽都督荆州事务。益州既平，关羽得赐金五百斤、银千斤、钱五千万、锦千匹。

刘备获得益州的第二年(215年)，孙权便派诸葛瑾为使去跟刘备协商，请求把荆州南部的多个郡出借东吴。刘备托词不接受，吴蜀矛盾加剧。

单刀赴会·高密年画

孙权无奈，只得派去一批官吏，接管长沙、零陵、桂阳三个郡。而关羽坚决不让出，将孙权派来的官吏全部赶了回去。

孙权得知大怒，立刻派吕蒙带领两万兵马，想用武力收回这三个郡。

吕蒙夺得了长沙、桂阳两郡后，刘备急忙亲率五万大军顺江而下与之争锋，派关羽率领三万兵马到益阳去夺回那两个郡。

孙权也亲自到陆口，派鲁肃率领一万兵马扎在益阳，与关羽相拒。东吴的军队和关羽的军队都在益阳扎营下寨，彼此对峙。双方剑拔弩张，大有一触即发之势。

单刀赴会·潍县年画

鲁肃不愿意孙、刘两家失和，就约请关羽相见，双方各退兵马百步，中间搭个供谈判用的帐篷。赴会的将军只答应带防身的单刀，不准带兵士。

关羽接到约请，守信只带随身卫士周仓，慨然赴会。这就是著名的“单刀赴会”。

谈判一开始，鲁肃就责问关羽为什么不把长沙、零陵、桂阳三个郡还给东吴。关羽说：“乌林之役(即赤壁之战，乌林在赤壁对岸，故有此说)，左将军(指刘备)亲自作战，与东吴共同破敌，难道说他夺下来的土地连一块也不该得到吗？怎能说要把这些地方出借给东吴？”

鲁肃说：“东吴领土很小，只是体谅刘豫州(指刘备，当时为豫州牧)兵马很少，又被曹军打败，才让给他一个安身之地。赤壁之战以后，又把南郡借给他。如今刘豫州得到了益州，就该把荆州还给东吴。我们并没有要求退还整个荆州，也不要求退南郡，只要求长沙、零陵、桂阳三个郡。要是连这三个郡都不还给我们，那就太说不过去了吧。”

单刀赴会·内丘灯方年画

周仓在一旁理直气壮地说：“天下的土地，有德的都能够住，怎样能永远归一家呢？”

关羽手按在刀把上，给周仓使了个眼色，有意指责他说：“这是国家大事，你懂得什么！快给我出去！”周仓会意，立刻出去预备兵马接关羽。

关羽向鲁肃道别说：“您的话，我必

定转告左将军，再做商量。”

鲁肃也就很有礼貌地把关羽送了出去。

后来，关羽把单刀赴会的情况向刘备做了汇报。此时，刘备得知曹操正率大军进攻汉中，担心前后受敌，丢失益州，就遣使与孙权讲和，双方约定以湘水为界，平分荆州，湘水以东的江夏、长沙、桂阳归孙权；湘水以西的南郡、零陵、武陵归刘备。

刮骨疗毒

刮骨疗毒，是关公传奇的一个著名典故，表现了关公的无畏和大气。

三国时代，魏、蜀、吴连连恶战。一次，关公挥军攻打曹兵时，右臂中了敌人的毒箭。众将请关公班师回荆州调治，关公不允，说：“我不能因小小创伤，而误了军国大事。”

众人只好四方访寻名医。一日，来了一个自称华佗的医生，他说听闻关公中了毒箭，特来医治。这时，关公的右臂痛得厉害，正和马良下棋来分散注意力，以免自己露出痛苦的表情而乱了军心。

华佗看过关公的箭伤，说：“君侯的手臂若再不治理，恐怕便要废了！如果要根治，便得把君侯的手臂牢牢缚在柱上，然后我用刀把皮肉割开至见骨，刮去骨头上的毒，再敷上药，以线缝合，这才治得好，但恐君侯惧怕。”

刮骨疗毒·高密年画

关公听了，笑说自己不是世间俗子，死都不怕，还怕痛吗，更不用把臂缚在柱上。关公命人先送上食物，说：“先生远道而来，请先用酒菜，吃饱喝足了再动手不迟。”

关公陪着华佗吃了一会，便伸

出了右臂，说："现在就请动手，我照样下棋吃喝，请先生不要见怪！"

华佗也不再说什么，取出一把尖刀，请人在关公的臂下放上一个盆子，看准了位置，下刀把关公的皮肉割开。

关公吃喝如常，毫无畏惧，吭都没有吭一声，使华佗得以运刀自如，他气定神闲地说："我用刀把君侯骨头上的毒给刮走，这就好了！"

华佗的手法娴熟，说话的当儿，手上的刀子已经在关公手臂的骨头上来回刮，还发出"窸窸"的声音，顿时，关公手臂血流如注，这些流出的血几乎注满了整个盆子。

将士见到这情境，也掩面失色，唯独关公仍继续下棋吃喝，面不改容，谈笑自如。

不久，华佗把毒全刮走了，敷上药，并把伤口缝合。

关公要重赏他，华佗婉拒说："我不是为钱来的，而是听闻君侯高义，特来医治！"

说罢，华佗把一帖药留下，就拜别走了，头也不回。

水淹七军

水淹七军之战，让关羽的武力功绩威震华夏，奠定了他武圣的地位。也就是说，天下武林人士都知道了关羽的厉害，不得不服他，尊他为武坛盟主。

当时坚守荆州的关羽名为"襄阳太守"，而荆州的襄阳、樊城等重镇还掌握在曹操手中。为了完成诸葛亮和刘备在《隆中对》中所策划的跨据荆、益二州，待机会成熟时荆州军队直下宛(今河南南阳)、洛，益州军队西出秦州(今陕西南部)，实现统一大业的计策，关羽一直虎视襄、樊。

建安二十四年(219年)，刘备在汉中大败曹兵，曹操不得不退出汉中。

于是，在手下文武官员的拥戴下，刘备自立为汉中王。任命关羽为前将军，并赐他节、钺。

是年六月，刘备继取汉中后，派孟达、刘封攻占汉中郡东部的房陵、上庸等地，势力更加有所扩大。

七月，孙权欲攻合肥，魏军大部调往淮南防御吴军。

关公·蔚县剪纸

关公·蔚县剪纸

镇守荆州的关羽，抓住战机，留南郡(治江陵，今湖北江陵)太守糜芳守江陵，将军傅士仁守公安(今湖北公安西北)，自率主力北攻荆襄。

襄阳、樊城隔汉水相对，互成犄角，是曹军抗拒南军北上的战略要地。当时魏镇南将军曹仁驻守樊城(今湖北襄樊)，将军吕常驻襄阳。

樊城的魏军守将曹仁赶快向曹操求救。曹操派了于禁、庞德两员大将率领七支人马前去增援。曹仁让他们屯兵在樊城北面平地上，和城中互相呼应，使关羽没法攻城。

于禁是北方人，不了解南方的气象地理。曹仁让他和庞德屯兵于樊城以北，和城中互相响应，他竟未考虑该处地形低下的情况，把所带领的七支人马都带到了那里驻扎。

正在双方相持不下的时候，八月的襄樊连降大雨，河水暴涨，平地水深数丈。于禁的军营扎在平地上，四面八方大水冲来，把七军的军营全淹没了。于禁和他的将士不得不泅水找个高地避水。

关羽早就抓住于禁在平地上扎营这个弱点。他趁着大水，安排好一批大小船只，率领水军向曹军进攻。他们先把主将于禁围住，叫他放下武器投降。于禁被围在一个汉水中的小土堆上，逼得无路可退，被迫投降了。

庞德带了另一批兵士避水到一个河堤上。关羽的水军向他们围攻，船上的弓箭手一起向堤上射箭。庞德手下有个部将害怕了，对庞德说："我们还是投降了吧！"庞德骂那部将没志气，拔剑把他砍死在堤上。兵士们看到庞德这样坚决，也都跟着他抵抗。

庞德不慌不忙拿起弓箭回射，他的箭法很好，蜀军被射死不少。双方从早上打到中午，从中午打到午后。庞德的箭使完了，就叫兵士们一起拔出短刀来搏斗。

这时候，大水越涨越高，堤上露出的地面越来越小。关羽水军的大船进攻更加猛烈，曹军的兵士有的战死，有的投降。

庞德趁着这乱哄哄的时候，带了三个将士，从蜀军兵士中抢了一只小船，想逃到樊城曹仁大营，但水势太大，一个浪头袭来，把小船掀翻了。庞德掉在水里，关羽水军赶上去，把他活捉了。

将士们把庞德带回关羽大营。关羽好言好语劝他投降。庞德骂着说：“魏王手里有人马一百万，威震天下；你们的主人刘备，不过是个庸碌的人，怎能和魏王相敌。我宁可做国家的鬼，也不愿做你们的将军！”

关羽大怒，一挥手，命令武士把庞德杀了。

关羽消灭了于禁、庞德的七军，乘胜进攻樊城，并以一部兵力包围襄阳。

樊城里里外外都是水，城墙也被洪水冲坏了好几处。曹仁手下的将士都害怕了，有人对曹仁说：“现在没法守了，趁关羽的水军还没合围，赶快乘小船逃吧！”

樊城守军仅数千人，城墙因水淹多处崩塌，曹仁也曾考虑放弃樊城，被辅佐曹仁的汝南太守满宠所劝止。

满宠以为：“山水速疾，冀其不久。闻羽遣别将已在郏(今河南郏县)下，自许以南，百姓扰扰，羽所以不敢遂进者，恐吾军掎其后耳。今若遁去，洪河以南，非复国度有也。君宜待之。”(《三国志·魏书·满宠传》)

天地全神中的关公·滑县年画

满宠这段话的意思是说：“山洪暴发，不会很久，过几天水就会退下去。听说关羽已经派人在另一条道上向北进攻。他自己没有敢进兵，是因为怕咱们截他的后路。要是我们一逃，那么黄河以南，恐怕就不是我们的了。请将军再坚持一下吧。”

曹仁觉得满宠说得有理，就以必死决战，鼓励将士齐心协力奋勇抵抗。

关羽军虽乘船猛攻，一时仍不能攻下。

此时，魏荆州刺史胡修、南乡(治南乡，今河南淅川东南)太守傅方，均降于关羽，陆浑(今河南嵩县东北)人孙狼等，亦杀官起兵，呼应关羽。

魏王曹操在洛阳得到各方警报，心里有点着慌。他跟百官商议，准备暂时放弃许都，避避关羽的势头。

丞相司马懿及曹椽、蒋济谏止。他们认为："禁等为水所没，非战守之所失，于国度大计未有所损，而便迁都，既示敌以弱，又淮沔之人大不安矣。孙权、刘备，外亲内疏，羽之自得，权所不愿也。可喻权所，令掎其后，则樊围自解。"（《晋书·宣帝传》）

曹操采用了曹将司马懿、蒋济利用矛盾冲突毁坏孙、刘联盟的计谋：关羽得志，必非孙权所愿，遣人劝孙权断其后路，并许割江南，以图解樊城之围。

曹操一边派使者去见孙权，一边指令徐晃率军挽救曹仁。

徐晃进至阳陵陂(樊城北)，曹操派将军徐商、吕建传令：必须待后续援军会齐后方可进击。

时关羽前部屯偃城(樊城北约五里)，徐晃佯筑长堑，示以将切断蜀军后路。蜀军惧被围，烧营撤走，徐晃军进据偃城，渐向围城蜀军迫近。

关羽攻樊城，活捉大将于禁，斩大将庞德，"水淹七军"，关羽的威名震动了整个中原，其气势一时"威震华夏"（《三国志·蜀书·关羽传》）。

这是关羽一生的名声达到顶点的时候，也是他最后的辉煌。按哲学规律，顶点则易逆转，福至而祸随。

兵家尊为武圣

凭空成为一个人物容易，但要成为武圣是不容易的，因为古代已经有了武圣。

古代祭祀的战神不是关公，而是"兵主"蚩尤。关公要替代他，就必须打败他，超越他。

于是，民间编造了关公战蚩尤的传说。自然，传说中的关公胜了。

福建东山武圣殿

关公要成为武圣还要超越一个人，那就是周朝名将姜尚，姜尚就是那个钓鱼的姜太公，以韬略著名。唐代的“武成王”是姜尚，就官方的祭祀言，唐初开始便有武庙，主祀的是姜子牙，而关羽只不过是从祀。

尽管关羽在唐代时还是庙中的配祀，到了宋代，宋帝将关羽推向了武圣的地位。

据宋代李焘的《续通鉴长编》记载：“宣和五年正月己卯，礼部奏请侯封，敕封‘义勇武安王’。令从祀武成王庙。”

“义勇武安王”是宋真宗赵恒于大中祥符七年(1014年)赐给关公的封号，起因与道教徒推崇关羽有密切关系，是中国道教祭奉关羽的开始。

宋真宗降天书并托祖徽宗时流行“关羽斩蚩尤”的传说，奠定了关公作为义勇武安王的舆论基础。

出身微贱的关公，生前的职位仅是个将军，最多可以称为一代名将，“汉寿亭侯”也仅仅是一个“乡镇级”待遇的赐封。为什么他能获得“义勇武安王”的封号呢?

这是因为关羽的一生以忠贞、仁义、勇猛和武艺高强著称，但武艺到底有多高强，后世人已不知道，只知道他的名声。

故后代兵家都对关羽很推崇。统帅领兵治军，将校率卒打仗，凡争战之事，不论正义的和非正义的，都希望自己的将校兵卒不仅要武艺高强，英勇顽强，还要忠于自己，于是关羽便被树为榜样，从而尊为武圣。

至迟宋朝末年，民间供奉关羽的庙宇已经“郡国州县、乡邑间井皆有”(郝经《陵川集》)。关羽的祠庙遍布各地，为中国神明中祠庙最多的一位。庙中的塑像是手持青龙偃月刀的关羽神像，一副将军装扮。

武圣殿上精美的瓷雕塑像

武圣殿上精美的瓷雕塑像

随着关羽的名声越来越大，地位越来越显赫，将军装扮的关羽自然就被尊称为“武王”、“武圣人”了。

作为武圣的关公与孔子并肩而立。俗话说枪杆子里面出政权，同理，武将易扬名天下。关羽手中有兵权，更有助于他的显赫。除了军人、武师奉他为行业神崇拜外，就连描金业、烟业、香烛业、教育业、命相家等不相干的行业也推崇关羽，不仅将他变成武财神，还尊他为五文昌之一。

有些地方将敬奉关羽的庙宇称为武庙，庙内将关羽和岳飞合祀的亦称为“双关庙”。民间说法，岳飞乃忠义神武的关公转世。

民国三年(1914年)，袁世凯把持的北洋政府还下令在北京鼓楼西兴建关岳庙，将关公与岳飞合祀，祈望他的北洋军将领能与关羽一样勇武善战，常胜不败。

在朱仙镇，关庙也是和岳飞庙连在一起，相邻并列而建。

朱仙镇有关公年画，武强也有关公年画，武强年画中的《马上提刀门神》画的就是关公像。关公年画的特点是在民间年画的基础上，加以艺术的提炼和概括，变粗糙为精细，变大俗为大雅，线条更加精致，色彩更加绚丽，赏心悦目，人见人爱。

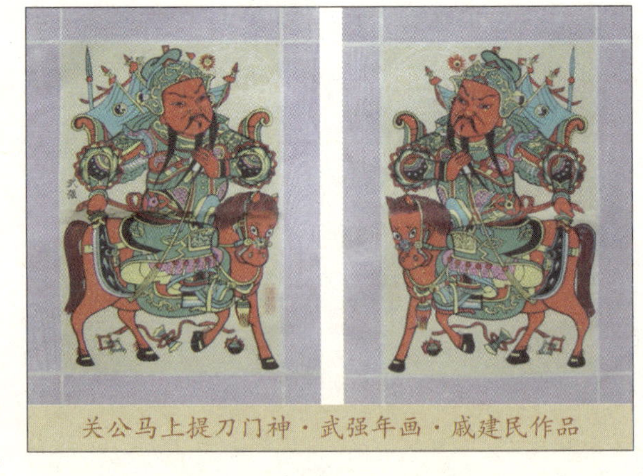
关公马上提刀门神·武强年画·戚建民作品

起义军的精神领袖

作为武圣的关公，不仅被皇家正规军奉为偶像，还被农民起义军奉为精神领袖。

北宋时期梁山泊农民起义军，为了争取关羽的后裔大刀关胜上山入伙，以壮大起义军的声威，振奋兵卒的士气，首领宋江情愿让出自己坐的第一把交椅。

元末以刘福通为首的红巾农民起义军和明末高迎祥、李自成、张献忠为领袖的农民起义军，直到太平天国洪秀全领导的农民起义军，都十分崇敬关羽。

太平天国起义军编印了一本名为《天情道理书》的小册子，书后附有东王杨秀清褒奖天国弟妹的51首诗，其中就有10多首是以关羽等蜀汉勇将来比拟天国的英雄们：

“古称关赵最英雄，天国英雄志亦同；扫清世间妖百万，英雄胜比汉关张”。

关公·佛山年画

关公·佛山年画

其实关羽生前是残杀黄巾农民起义军的一员悍将，后来的农民起义军将关羽奉为精神领袖，实在是无知的误会和历史的讽刺。

然而，从这一点，也正可以看出作为武圣的关羽的巨大影响。

换个角度看“武圣”

将关公树立为武圣形象，《三国演义》起了推波助澜的作用。

作者罗贯中着力将关羽这个人物形象刻画成继温侯吕布后的三国武艺第一人，为此不惜虚构战绩，大力渲染关公温酒斩华雄等情节。

关公温酒斩华雄之所以影响巨大，是因为此情节还被搬到了戏剧中，剧名为《斩华雄》，亦名《汜水关》。描述了曹操矫诏，召集十八路诸侯，公推袁绍为盟主，共伐董卓。兵至汜水关，董将华雄数败孙坚，一时无人敢与华雄战。关羽讨令，袁绍轻之。曹操敬酒以助威，关不饮出战，立斩华雄归，杯酒尚温。

小说《三国演义》和戏剧《斩华雄》描绘得绘声绘色，是最精彩的三国情节之一。事实上呢？其实关公并未斩华雄，华雄是孙坚杀的。

《三国演义》还描写关公诛文丑，而文丑并非关公所诛，而是曹操杀的。

《三国演义》把这些别人的战绩都归在关羽这个人物形象上，且描写极为生动，使得温酒斩华雄、 诛文丑等故事流传千古，将关公树立为“武圣”形象。

“武圣”形象值得商榷。即使关羽真正温酒斩华雄，其实也算不了什么。

华雄虽是董卓的大将，但华雄其实算不上什么人物。虽然在关羽斩华雄之前，书中对华雄将军大肆描写，如败孙坚、斩二将等，但仍不能突出华雄有多厉害。因为这三个人都不是现今人们眼中像张辽、甘宁一样的英雄人物形象，大家对于这三个人物了解甚少，也就难以树立华雄在人们心目中是多么厉害的大将形象。

最荒谬的是，历史上是孙坚杀的华雄。

温酒斩华雄·高密年画

罗贯中旨在塑造关羽这位英雄形象，为了体现了关羽的能力，他编造了“温酒斩华雄”这个故事，在当时达到了作者想要的艺术效果。

上观下财·滑县年画·上为观音，中为武财神关公，下为文财神

有人质疑，在关羽斩颜良和文丑的的描写中，也不能显出关羽的武功有多厉害。

关羽斩文丑前，文丑的好兄弟颜良被关羽所杀，文丑大怒道要为兄弟报仇。但打起来时，却心中怯懦，打了三个回合就拔腿跑了。

文丑是袁绍手下顶尖大将，战关羽之前，他射伤张辽、打败徐晃的描写，已经非常突出地显示文丑的能力了。

然后写到文丑和关羽战三回合，“心中怯懦”，意思是文丑意识到自己不如关羽，心中害怕。因为前面颜良败给关羽已经在文丑心中形成阴影，所以自己也没多大把握，这时一试，发现关羽刀法果然非常凌厉。因他报仇之心急切，可能失去判断，自认为打不过关羽，就开跑了，然后被关羽一刀干掉。

关羽凭借的是赤兔快马，追上去背后一刀，将人斩下。有人说这并不能显示关羽比文丑的武力高，这只能算关羽偷袭。

有人指出，这是一个矛盾。罗贯中描写关羽要强于文丑，但又不愿过分拉大二人的差距，所以就写了这么一出。前面写文丑射伤张辽，而关羽又曾经在徐州战吕布时对张飞说过张辽“武功不在我二人之下”的话，所以如果关公比文丑强很多的话，那就和前面矛盾了。

斩颜良是不按规矩作战的典型。当时，颜良正要关羽报上姓名，结果他没有等到关羽报上姓名，就被关羽一刀杀了。

书中先描写了颜良战徐晃二十回合，败徐晃，再说关羽一刀将颜良砍了。这就是说，关羽比徐晃也要厉害得多。

斩颜良情节中，描写关羽的神勇也有铺垫。宋宪、魏续两位曾经是吕布麾下的勇将，二人被颜良所杀，既而关公二十回合败徐晃，“诸将栗然”。然后，

上观下财局部之武财神关公·滑县年画

描写关羽，“关公奋然上马，倒提青龙刀，跑下山来，凤目圆睁，蚕眉直竖，直冲彼阵。河北军如波开浪裂，关公径奔颜良”。

这一段描写得十分生动，描写到了关羽的勇气胆识，也描写了关羽的能力。孤身一人冲进大海一样的大军中，毫不犹豫，这是何等的气魄，这可不是偷袭所为。

颜良是何等的人物，只是颜良还没有想到抵挡，关羽的速度相当快，马快，刀法也快，颜良一下子就被斩杀。

颜良是在没有准备的情况下，被关羽所杀的，如果有所准备，是不一定会败于关羽的。

《三国志》记载关羽斩颜良是这样描写的：“策马刺良于万众之中，斩其首还，绍诸将莫能当者。”

上关下财·滑县年画
上为武财神关公，下为文财神

《三国志》用的是“刺”字。有人提出，“刺”是枪、戟一类武器的攻击方法，大刀兵器是宋朝才有的，三国时流行的是长枪、长戈、战戟，所以关羽当时应该是拿这些武器，而非现在所说的“青龙偃月刀”。

而“斩”字又说明还是带了刀的。既然这里是用了“斩”，那么前面的“刺’字也应该是细节描写，证明关羽历史上拿的枪、戟之类的武器。

颜良是袁绍手下的猛将，颜良都被关

田祖和关公·滑县年画

羽打败了，诸将就“莫能当”了。“当”字的意思是阻拦和把守，如“一夫当关万夫莫开”，“诸将莫能当者”就是说袁绍的将领们都去拦关羽，结果都没拦住，这也充分体现了关羽非凡的勇武。

无论是关羽温酒斩华雄，还是斩颜良、诛文丑，都是罗贯中为了塑造艺术形象而描写的，其目的都是突出关羽的勇武，是小说家之言。

尽管这些小说家之言与历史真实比较不足信，但有一点是可信的，就是民间传说中的关羽的确这么神勇，因而达到了武圣地位，同时《三国演义》的这些描写又推动关羽达到武圣地位。

第四章 财神形象的关公

财神是中国民间普遍供奉的善神之一，每逢新年，家家户户悬挂财神像，希冀财神保佑，以求大吉大利。中国的财神分为两种，一为武财神，一为文财神。

中国武财神由古代武官演化而来，如关公，还有一个赵公明，即所谓"正财神"。文财神由古代的文官演化而来，如比干、范蠡。武财神的地位比文财神要高一等，当文武财神同时驾到时，作为武财神的关公位于文财神的上面。如武强年画、高密年画等地年画中的《上关下财》，上面是关公，下面是文财神。

关公和赵公明一样，既是武将，是门神，又被作为财富的象征，是中国财富信仰的精神偶像。各地几乎都有表现关公的年画，关公作为年画中的重要形象，其使用数量远远超过了赵公明。

那么，一代名将关公是如何成为财神的呢?

商界奉关公为财神

财神的起源可以说源远流长，所祭祀的财神也因时因地而有所不同。大致说来，古代民间信奉的财神分为文武两类。关羽只是财神中的武财神，代表诚信。

关公在中国是一个家喻户晓、妇孺皆知的人物。商人选择关公当财神，看重的是他的忠义形象和惩恶扬善、爱民护民的特点，他们希望关公能保护他们的身家性命和财产安全。

关公在各地被奉为财神的同时，也被作为门神年画的题材，如湖南滩头年画，有一门神就是表现关公的。并且专门销往广东，因为广东有尊崇关公的习惯。

不仅中国广东，在香港、澳门以及印度尼西亚、马来西亚、菲律宾、新加坡等华人、华侨集中经商的地方，几乎各大公司、商号、店铺均敬奉有关公的神像，商家视关羽为能够招财进宝、庇护商贾的财神。

文武财神（也叫上关下财）
上面是武财神关公，下面是文财神

商人敬奉关羽的信仰在清代达到巅峰，民国时期仍十分盛行。随着商品经济的发展，各地皆有境外客商云集，其中徽商、晋商更是独领风骚，数量多且分布广。

聚于一地的同籍客商多以成立商会和建立会馆的方式相联络，为其自身利益服务。各地商会敬奉的主神便是关公，会馆建筑的格局则完全仿照关帝庙的式样。

商人拜关公表达的是“以义致利”和讲求诚信的商业伦理追求。关公并不仅仅属于一个行业，也不只有一个身份，只是在商人的眼里关公是财神的化身。

文武财神·武强年画·戚建民作品

关公财神信仰流传至今，一些酒楼饭店，仍供关公财神，许多商家店铺，往往也摆着关公的香坛，在林林总总的商店、餐馆里，各式关公像前总是香火缭绕，经商的人们都祈望讨得财源滚滚，四季平安。

如今，大量私营企业又请出关羽这位尊神作为心理依托，期望能保佑自己生意兴隆，常交好运。记得有一篇报道描述，位于山西运城火车站广场西侧的“关公大酒店”是一家由私人投资开办的综合性住宿餐饮酒店。总经理张小别与关羽同乡，他不仅以关公为大酒店的名称，还在接待大厅特设装饰精美的神龛，内置关公全身沉香木雕像。除关公祭日、传统节日在神龛前摆设供品，虔诚乞灵外，每日酒店开门，都要由保安、门卫向关公神像上香行礼，天天如此，从不间断。

这表现出了古代关公财神信仰风俗在当代的延续，也说明了关公财神信仰文化深入到了一个民族的骨髓，具有不灭的生命力。

荣登神位后成为财神

在关公成为财神的演变过程中，他是先王后财，荣登神位而后成为财神的。

西晋陈寿的《三国志》描写，关羽是个乱世英雄，长着一脸络腮胡须，作战很是勇猛。他与刘备“誓以共死”，不买曹操的账，“尽封其所赐，拜书告辞”。后因荆州战事失利，关羽死于现在的湖北安远（一说当阳）一带。

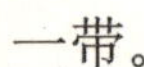

文武财神

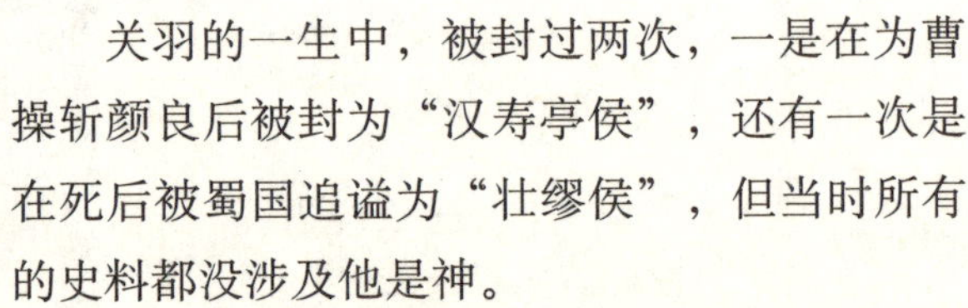

关羽的一生中，被封过两次，一是在为曹操斩颜良后被封为“汉寿亭侯”，还有一次是在死后被蜀国追谥为“壮缪侯”，但当时所有的史料都没涉及他是神。

一部《三国演义》将关公塑造成大忠大义之人，令其声望日盛，乃至使关公从一个忠义的勇士，摇身一变成为人们求财的保护神。

关公如何成为财神的呢？说来话长。关公大意失荆州，失去的不仅是蜀国的要塞，还失去了他自身宝贵的生命。关公死后，吴国将他的首级割下送给曹操，妄图使用反间计，结果被曹操识破。

曹操将关公首级厚葬，却没有想到让他尸首合一，结果，关公死后身首异处，便在阴间阴魂不散，在荆州大地成为厉鬼。

关公的阴魂在荆州大地徘徊了300多年，常常对天长号：还我头来。

有一天（据说是公元591年的某一天），埋葬关公尸身的荆州玉泉山上来了一个和尚，他就是佛教天台宗的开山之祖智者大师。

他打算在这里建造寺庙弘扬佛法，但山顶是一片积水深潭，无法施工。智者大师知道埋在这里的关公能帮助他，但关公此时仍对自己的惨死耿耿于怀，不愿出手相助。

智者大师就点化他：你过五关斩六将杀了这么多人，谁来还他们的头呢？于是关公大彻大悟，皈依佛门成为护法神，并同意献上玉泉山给智者建庙。

文武财神

传说，关公显圣带领兵将劈开高山，填满深潭，运来木材，七天七夜建起了玉泉寺。

此传说的流行在隋唐之前，不仅仅是传说，史书上也有确凿记载。唐代《重修玉泉关庙记》记述了关羽帮助隋代智者大师兴建玉泉寺的传说，说“（关羽）生为英贤，没为神明……邦之兴废，岁之丰荒，于是乎系”（《全唐文》卷六六四）。

从此，关羽开始被“神化”，由原来的“厉鬼”第一次作为正神的形象进入佛教殿堂，成为佛门的护法神。

此时正处于隋朝时期。由鬼成神，关公完成了成神路上关键的一步。

关公是先成为神，再成为王、帝、圣，最终成为财神的。成神，是他迈向财神的第一步。

玉帝封为财神的传说

关公是如何成为财神，有多个传说版本，其中一个传说是玉帝封为财神。

这一传说，与玉泉山给智者建庙传说的开头类似，似乎是其翻版，但后面则有所演变。

传说关公在罗汉峪遭孙权所害后，关公头枕河南洛阳，身居湖北当阳后，幽魂不散，荡荡悠悠来到玉泉山。

此夜月白风清，三更过后，老僧普净正在庵中默坐，忽听空中有人长呼："还我头来！"

普净仰面谛视，见空中一将，骑赤兔马，提青龙刀，缓缓按落云头，来到近前。普净识得关公，一摆手中佛尘："今将军为吕蒙所害，大呼'还我头来'，然颜良、文丑、五关六将等人之头，又将向谁索要？将军死后犹存，举国怀念，诸侯倾慕，百姓香祭，步列神坛，难道会因私愤而忘大义不成？！"关公恍然顿悟，就此稽首皈依。

后来，关公常来玉泉山显圣护民，行侠仗义，百姓感念其德，就在山上建关公庙，四时致祭。

关公因胸中怀东吴恶气未净，不时有旧部冤魂需要照料，就滞留于此。后来，周仓、关平等渐渐归来，关公思念刘备，又怕部属骚扰民间，就带着众将，去西蜀看望过刘备，然后径奔洛阳而来。

玉皇大帝·玉溪纸马

玉皇大帝·北城纸马

一天，来到一个名叫封河屯的地带。看见一个白胖的财主正在自家的堂屋拜祭财神。财主口中念念有词："多谢财神保佑，让我再多发横财……"

来到一座破庙，关公一行信步来到门口，却望见富态的财神来到关公面前："小神给关帝请安了！”

关公责问他：“你掌管人间财富，何以穷富不均？”

财神笑嘻嘻地回答：“人间穷富本是天条，黄金定律实非小神所能左右。世人求财多是随遇而安，其中执著者甚少，穷富因果也是人心所应，万万怨不得小神。”

财神窥见关公听着听着凤眼怒睁，急忙打个圆场：“要不，我陪君侯去见见玉帝，说个明白？”

玉皇大帝

关公翻身跨上赤兔马，和财神腾云驾雾来到天宫。财神带着关公径直来到灵霄宝殿要见玉帝。俩人遥望玉帝礼拜之后，财神说明来意。玉帘后的玉帝微微一笑：“关公忠义，实属众神典范。既然你还挂记凡尘，朕就特许你下凡和财神共掌人间财富。只是那穷富比例，全在人间心中。这个，你做了财神就明白了。”

财神

回去的路上关公问财神：“我又不懂撒播财富的细节，如何同你尽责？”

财神说：“你只管行侠仗义，抱打不平，其他的就由我来操劳，你看如何？”关公点头称是。

说完俩人分手告别，关公寻着关平和周仓，就在人间惩恶扬善，夺富人不义之财，救穷人于危难之间。

解决宋朝国库收入问题

关公成为财神更关键的一步在宋代。他的“义勇武安王”就是宋代的封号，而给他这一封号的原因，据说就是因为他解决了宋朝国库六分之一收入问题。能给国家带来如此巨大数量的国库收入，称其为财神当然是名至而实归了。

财神·漳州年画

早在唐朝，作为古代名将，又加之本身的佛门护法神身份，关公作为当时武圣人姜子牙的陪祀，第一次跻身到国家级祭祀的行列。

但到赵匡胤建立北宋时，关公却被挤出了国家祭祀的行列，不得不进入民间。

一到民间，他就受到广泛的同情和欢迎，那时的说书人已经将三国故事说得风生水起，人物的性情相貌、忠奸善恶已经基本定型。关公的忠义更成为人们崇拜的精神力量，但这只是奠定了他为绿林好汉供奉、祭拜的基础，尚未成为财神。

张天师·桃花坞年画

宋徽宗时期，一个税收能占到全国总税收收入六分之一的盐池突然干涸了。这个盐池在山西解州。

解州是关公的老家，自古就是中原主要的食盐产地，解州盐池因而堪称大宋朝的金库。盐池突然干涸，八年不产一颗盐，这可急坏了宋徽宗。

崇奉道教的宋徽宗吉人天相，就在他愁眉不展的时候，来了个自告奋勇者，说是可以用法力让解州产盐，宋徽宗一看，来人原来是龙虎山天师道掌门人张继先张天师。

张天师请来关羽，在解池与蚩尤大战

七日。仗打完了，蚩尤被制伏了，盐池果然又开始产盐了。宋徽宗非常高兴，为了表彰关公，他以自己的年号“崇宁”为封号，以道教的“真君”为神职，敕封关公为“崇宁真君”，第一次为关公增添了道家的神仙色彩。

之后，宋徽宗连续三次追封关公，最后一次的封号是“义勇武安王”。这个王的爵位超越了他过去所有的封号，关羽从生前最低级的亭侯，荣登王位，为成为财神奠定了重要基础。

关公解决了宋徽宗国家财政六分之一的亏损问题，自然就成了可以带来滚滚财源的财神。

清代关财神信仰达鼎盛

分析关公的财神之路，可以看出一个四级跳的清晰脉络。

第一跳是隋朝由鬼成神，第二跳是宋朝成为义勇武安王，第三跳是明朝被尊为武圣从而成为武财神，第四跳是清朝财神热信仰使之达到鼎盛。

进财·凤翔年画

从元到明到清，关公形象又经历了几百年的风雨沧桑，但在成神的路上越来越神，伴随《三国演义》这部小说，完成了神的演变，并日益扩大影响。

到了明朝末年，关公正式取代过去的武圣人姜太公的位置，成为中国第二任武圣，与文圣人孔子平起平坐。

至清朝，关公又由武圣，完全彻底地演变成为财神的形象，其关财神信仰达到鼎盛。

为何关公到清代财神信仰达到鼎盛呢？这里有如下原因：

一是因为清代关公的名声和封号都双双

达到了登峰造极的地步。

据史载，关羽蜀汉时封前将军、汉寿亭侯。关羽封地为刘蜀汉寿地，在今四川境内。亭侯为汉代五侯中爵位最低者。

唐代时，关羽在民间被人们称为“关三郎”，“关三郎”是做什么的呢？其任务就是监督寺庙里的和尚而已。

进财·凤翔年画

宋代，人们对关羽的关注表现在了修建关王庙上，关王庙在当时慢慢成了一道风景。在明代万历年间，关羽得到了道教的最高封号“三界伏魔大帝神威远镇天尊关圣帝君”。到了清代，“凡通衢大道以至穷乡僻壤，无地无之”，建关王庙之风，有增无减，关公成为各行各业的保护神。

也许是觉得这样对关公还不够重视，人们于是又另让关公再司“财神”一职。

摇钱树·清

到光绪五年（1879年），关羽的封号长达二十四个字，被封为“忠义神武灵佑神勇威显保民精诚绥靖翊赞宣德关圣大帝”，旷古未有，令人惊叹。

朝廷的统治者如此热心，自然也会影响到老百姓的热情，老百姓对“精诚绥靖翊赞宣德”之类的字眼不感兴趣，老百姓关心的是过更好的日子，得到更多的财富，因此，清朝皇帝的封号在老百姓这里演变成了实实在在的财神形象。

二是因为清代商业繁荣，人们需要商业保护神。

需求产生信仰。关公的角色之所以在清朝发生了改变，与康熙、乾隆时期民间的商业活动十分繁荣有着很大关系。

当时，各行各业都借“三国”之事奉关公为其行业神。如相传关羽年轻时曾卖过豆腐，豆腐业也就借此供奉关羽为豆腐业的神了；烛业则因关公秉烛达旦，恪守叔嫂之礼，而奉其为神；更有趣的是理发业、屠宰业、刀剪铺业，因为他们的工具都是刀，而关羽的兵器就是青龙大刀，也把关公奉为了神。

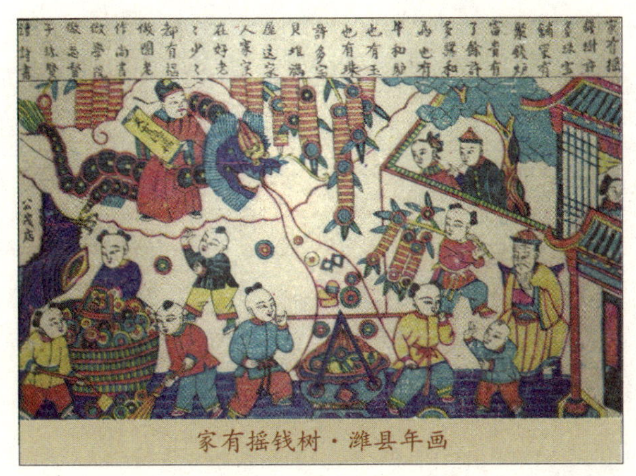
家有摇钱树·潍县年画

三是民间传说推波助澜。

关于关公是财神的民间传说在清代纷纷扬扬，为关公财神信仰达到鼎盛起到了推波助澜的作用。

传说，曾经是秦朝第一商业大亨的吕不韦现身人间，点破了关公拨化财富的天机，世人逐渐将关公信奉为财神爷，逢年过节不忘拜祭。

清代武财神关公年画大量流行，这些关公作为财神的年画都是民间年画艺人制作的，对关公财神信仰也起到了形象可感可触的作用。关公财神年画通常贴在房屋大堂正中的北墙上，处于家中最重要的位置。

关羽当财神的原因和理由

关羽当财神不是偶然的，而是有多种原因和理由的，这些原因和理由有些源于传说，有些源于民俗，有些源于古代典籍，这些都深化了关羽的财神形象。

具体分析，关羽当财神的原因和理由大致如下。

一是说关公生前十分善于理财，长于会计业务，曾设笔记法，发明日清簿，将账目记得清楚明白。

争请财神·潍县年画

商家供奉关帝始于明代。传说关羽挂印封金之时，将曹操所赠金银布帛悉数留下，还附上一本详细的原、收、出、存账册，即《日清簿》，也就是现今一般商人使用的流水账。

这种计算方法设有原、收、出、存四项，非常详明清楚，后世商人公认为会计专才，所以奉为财神和商业神。

商人以账簿为关公所创而奉关羽，敬奉方式不独称关羽为财神，还称他为关圣帝君、关公、关老爷、关帝爷、帝君、帝君爷、武圣、武圣帝君、文衡圣帝、关夫子、帝爷公、崇圣真君、协天大帝、三界伏魔大帝、关恩公、恩主公、关壮缪等。

从这些称呼来看，又和其他人敬关公是一样的。这一点，可见关公与其他所有财神都有所不同，他作为财神，是超越财神之上的财神。

二是因商人谈生意做买卖，最重义气和信用，关公信义俱全，追求公平，故尊奉之。

文武财神·武强年画

因关羽以信义为本，公平公正，又设计了简明日清的簿记法，商人们为确保相互的信赖，请一位尊神来做监护，十分必要，关羽因公平公正所以被尊为财神。

关羽的义不负心形成了以仁义、公正为核心的商品交易准则，形成了义中求财的商品交易道德，并因此成为关帝文化的重要内容。

三是因传说关公逝后真神常回助战，助人取得胜利。

传说关公死后真神常回到人间助战，商人在生意受挫后若能得到关公相助，就会东山再起。所以商人都希望如果有朝一日生意受挫，能像关公一样，来日东山再起，争取最后成功。

上观下财·内丘年画

四是道教职系排列中，关公被规定为财神。

这是关公成为财神的宗教原因，在道教中，关公具有“司命禄，庇护商贾，招财进宝”的能力和职责，又因其忠义，他被更多人乐于接受为财神。

五是晋商为关财神造势。

关公成为财神，与古代山西商人有很大关系，与山西商人们的需求是分不开的。

明清时期，富甲天下的晋商把关公作为出门在外的保护神，在他们遍布全国的山陕会馆或山西会馆里建筑关庙，希望关公能够保佑他们平安。

晋商们因为游走天下，闯荡江湖，需要彼此照应，共同面对困难，因此就经常仿照关公桃园结义，结成异姓兄弟联盟，并将关公忠诚和义气的美德广为流传。

因为晋商在商业上的成功，富甲天下，其他各地生意人也纷纷效仿，人们就越来越相信，关公是一位能够保佑财源广进的财富之神。

文武财神·濮阳年画

六是哥老会、青红帮等商人保护者都敬关公，人们自然把关公当成了最高财神。

将关公作为财神的信仰在清代被各行各业所接受，对其顶礼膜拜最盛。近代江湖上的哥老会、青红帮特别敬祀关帝，且江湖上结义弟兄，亦必于关帝像前顶礼膜拜，焚表立誓，以守信义。

哥老会、青红帮也充当商人和商铺的保护伞，当然也要收“保护费”，他们都敬关公，商人们自然把关公当成最高的财神了。

七是追求诚信的商业伦理需求。

关公变成财神形象，最本质的原因是源于

追求一种商业伦理的需要。

文武财神·内黄年画

在做生意的过程中需要诚信，而忠和信其实就是诚信。关羽最初的形象是对刘备君主的忠义。忠义关系可以用于不同社会关系的处理，行业之间和行业内部的交往关系也可以通过忠义这种原则来处理，一诺千金的关羽的形象转变为一种行业的道德形象，甚至成为一个行业的行规，最后变成能带来财运的象征。

直至今天，关公仍是公认的财神，关公作为武财神的地位已经非常巩固了，并大大掩盖了其他财神的光芒，独耀一方，威风凛凛。因为中国人认为，只有讲诚信，将伦理道德的关系处理好，才能得到财富，主张采取正常的手段，强调好人有好报，关公作为财神形象其实体现了伦理道德的追求。

在民间年画中，我们常看到《上关下财》这幅年画，关公在财神的上面，正说明了义比利高的民族心理。

还有一种年画《上观下财》，上面是观音，下面是武财神关公。这幅年画将中国最受欢迎的两大神强扯到一起，不过观音是神，而关公是人，也说明了关公的重要地位。

尽管关公在观音的下面，但观音代表的不过是虚无缥缈的精神层面，而财神关公则代表的是实际利益，因此他才是老百姓心中落到实处的神。

第五章 伏魔尊者的关公

明万历四十二年(1614年)十月，皇帝朱翊钧封关羽为“三界伏魔大神威远震天尊关圣帝君”。从此，关公又有了“三界伏魔大帝”称号，关公不仅成为封建朝廷官方祭祀的神祇，而且成了民间百姓供奉的神明。

在平民百姓的心目中，在世的关羽是一个忠勇神武、义气千秋的英雄好汉；死后的关羽亦是一位镇静方隅，肃清中外，降妖伏魔的威神。唯有敬奉关公，才能够逢凶化吉，遇难呈祥，保一家安康，四季升平。

道教中的“馘魔大将”

伏魔尊者和三界伏魔大帝的称号是皇帝授予的，也是道教授予的。

道教说关公“从道养身”，将他称为“伏魔大仙关帝圣君”，镇坛护法，威镇山门。很多道教寺庙都可以看到关公伏魔大仙的形象，如笔者到重庆梁平游览明代建筑“双桂堂”，一进庙门，见到的是关公的殿堂。只见关公带领关平、周仓，护佑大殿神圣。

紫微大帝·南通年画

很多道教典籍将关公奉为“馘魔大将”、“诛砍妖魔”之神、“酆都朗灵馘魔关元帅”等，都与伏魔有关。

《道法会元·地祇馘魔关元帅秘法》记载，关羽为北极紫微大帝之主将，称为“雷部斩邪使，兴风拔云上将，馘魔大将，护国都统军，平章政事，崇宁真君关元帅”。

《道法会元》称赞关羽因“诛砍妖魔”而“英烈威灵，在生忠勇，死后为神，忠贯日月，德合乾坤”。

在《酆都朗灵关元帅秘法》中，称关羽为张虚静部下神将，封号“酆都朗灵馘魔关元帅”，手下副将则是“清源真君赵昱”，另有韦锡等飞天八将。五十代天师张国祥还校有《太上大圣朗灵上将护国妙经》，辑入《续道藏》。这些都可证关羽为张天师系统之人物，即道教中的神，其职能是“治病除灾，驱邪辟恶，诛罚叛逆，巡察冥司”。

授予关公为“伏魔大仙关帝圣君”称号的是道教，但关公成为护民伏魔尊者，很可能是从民间流行的“关羽斩蚩尤”传说而来。

斩蚩尤是伏魔的标志

关公伏魔斩蚩尤，是关羽伏魔的标志性事件，是关羽伏魔的起点，使之成为形象化的伏魔尊者的化身。

成为伏魔尊者和三界伏魔大帝，是因为关羽曾斩蚩尤。连兴风作浪的蚩尤这样的蛟龙怪兽都斩杀了，道教创始人张天师做不到的事，关公做到了，那么，关公收伏一切妖魔鬼怪当然不在话下了。

在这样一种心理的驱使下，人们很容易就接受了关公伏魔尊者和三界伏魔大帝的称号。

据《关帝圣迹图志全集》和《三教源流搜神大全》记载，宋真宗大中祥符七年，解州刺史表奏朝廷，解州盐池发生灾变，水不生盐。神宗遣使至解州城隍庙祈祷，梦中得知是蚩尤作怪。皇帝派人从信州龙虎山诏来张天师收伏蚩尤。

关公和周仓·赵之琛绘

张天师精通道法，很快领了圣旨赶到解州，但几道法事做下来收效甚微。张天师一看，原来是蚩尤那老妖在作怪。

张天师对蚩尤也无能为力，他道法高强，但他的法力制不了蚩尤。于是他荐举最英勇的蜀汉关将军“必成其功”，请来了关公。

为什么请关公呢？这要说到先天易经。

易经有先天和后天之分，先天易经是伏羲所造，后天易经是文王所演，所以后天易经也被称作《周易》。

关公和周仓局部

按照先天易经，关公的姓“关”是六画，名“公”是四画，组合是解卦。解卦的成功卦是屯卦，屯是囤积，囤积什么？当然是财富，比如粮食、金钱、物品、宝藏等。这就可以看出，关公与财富的内在关系。

解州地名既然是“解”，那自然也是解卦。关公是解卦，又是解州人，那关公的法力在解州当然能得到很好的发挥。

张天师请来关公。

但令关公没想到的是，蚩尤的法力太强了，关公单枪匹马也不好制伏，关公需要兵，良将无兵怎么打仗？

关公想了个办法。当时正是麦收午睡时分，关公把盐池附近一个村劳力的灵魂都借走了，说是打完仗就还魂。

等关公他们好不容易打赢仗，村民的灵魂回去一看，时间太长，身体都已腐烂，不能还阳了。就这样，一个村的劳力都死了。所以这个村后来就叫做“冤枉村”。

再往后，人们觉得这个名字太不好听，又把村名按谐音改成了原王村。

且说关羽在解池，与蚩尤大战七日，斩杀蚩尤，使盐池水复生盐。

伏魔斩蚩尤的不同版本

关公斩杀蚩尤的故事有多个版本。《道法会元》描写关公“诛砍妖魔”，举的例证即是崇宁年间，张天师奉诏往盐池除孽蛟时，在东岳庙行香，看到廊庙的关羽神像，问左右此是何神？弟子回答是汉将关羽，乃忠义之神。张天师便遣关羽诛蛟。即时风云四起，雷电交加，关羽即斩蛟于盐池上。

蚩尤

张天师奏明徽宗，徽宗命召见。关羽现形于殿下，持大刀执蛟首于前，不退。徽宗掷崇宁钱，封之为“崇宁真君”。

王世贞在其著作中也有记述：宋政和(1111—1117)中，解州池盐至期而败，课则不登，帝召虚静真人询之。奏曰：“此蚩尤神暴也。”帝曰：“谁能胜之？”曰：“关帅可，臣已敕之矣。”寻解州奏大风霆偃巨木，已而霁，则池水平若镜，盐复课矣。帝召虚静劳之，曰：“关帅可得见乎？”曰：“可。”俄而见大身克庭，帝惧，拈一崇宁钱投之，曰：“以为信。”明日，封“崇宁真君”。

此事还被搬演为戏曲。明代脉望馆抄校本《古今杂剧》有无名氏杂剧《关云长大破蚩尤》，描写宋(仁宗)时，蚩尤神作祟，使解州盐池干涸，朝廷命寇准请张天师来京询问，方知其故。

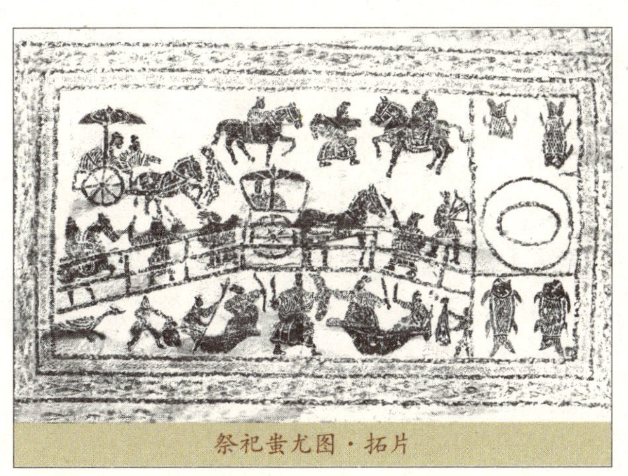
祭祀蚩尤图·拓片

天师教吕蒙正之侄吕夷简至玉泉山访玉泉长老，请玉泉土地关圣。关“奉玉帝敕令”，并“启天庭亲上表，因此上差神兵命天曹”，去打败了蚩尤。

范仲淹奉命为关公在解州立庙。驱邪院主宣玉帝旨，封关公为“武安王神威义勇”，“再封为破蚩尤崇宁真君”。

不过，此剧不为学者认可。饶宗颐先生认为：“查范氏殁于绍圣时，编剧的人不管年代先后，随便调兵遣将，是有问题的。”

不管怎样，民间传说和戏剧都代表了一种意愿和情感表达，认为关公能斩蚩尤，就能伏魔，于是关公成了伏魔尊者和三界伏魔大帝。

成了伏魔尊者和三界伏魔大帝的关公，影响更大。清初史学家兼考古学家赵翼在其《陔余丛考》中说：“今且南极岭表，北极寒坦，凡儿童妇女，无有不震其威灵者。香火之盛，将与天地同不朽。”

玄灵高上帝

作为伏魔尊者的关公，还有一个封号——玄灵高上帝，也具有伏魔尊者的功能。

这一封号早在清代就在各地特别流行。清代以来，百姓受颠沛流离之苦和内忧外患之辱，更祈求于忠勇信义的关公保护。江南一些城市的百姓在惨遭清兵和外国侵略军的屠杀时，曾抬出关公的神像聚集民众以抗外辱。

民众在遇天灾、人祸、疾病、争执时，则向关帝求雨、求药，求他驱灾阵魔、求他正直决断，皇室求关公保国安民，地方求关公除暴安良。

近代内忧外患，一些民众在逃往台湾时，将关公这一信仰也带到了台湾，并流传了下来。

民间驱傩奉为坛神或戏神

在古代民间还有“关公扫荡”的习俗。每年春节或关公生日，均要从庙里抬出关公像，在田野、村寨中游走（扫荡），以借关公之威，驱邪纳吉，保一方平安。

届时，当地群众，在村头庄尾，设坛迎送，气氛热烈隆重，可谓一大宗教民俗景观。

关公一身正气，神勇无敌。在民间驱傩习俗中，奉为坛神或戏神。

酉阳阳戏、梓潼阳戏、提阳戏都敬关公为主神。开戏必设关公圣像、先祈关公后开正戏。

关公·佛山年画

关公·佛山年画

伏魔尊者影响在现代的延续

关公作为伏魔尊者的影响，在现代仍在延续。如过去的香港警察崇拜关公，就是因为他伏魔尊者的身份和地位。

据说，香港警察崇拜关帝的习惯是源于1930年的油麻地警署某位华人探长，其后扩展至消防、海关等。他们同样地推崇、尊敬关羽，称他为“伏魔大帝”、“关二哥”、“关公”、“关帝”、“关二爷”等，因为他们相

关公·凤翔年画

信，关公是伏魔大帝，有助于他们消灭社会邪恶，捣毁妖魔鬼怪，保卫尽忠尽义之人。

拜伏魔大帝关二哥一直是香港警察的传统，传说过去的香港警察公共关系科将关帝像“请”往湾仔一间庙宇，让诚心信奉的警员继续到该庙宇参拜。

据说，香港新警政大楼落成，一些部门陆续迁入，很多警员心里怅然若失。原来，在这栋以21世纪的高科技设计为装潢特色的大楼里，任何一层都不再有他们所熟悉的关公。

心理专家分析，警队如果放弃拜关帝，可能会令一向有供奉习惯的警员感觉不舒服，就好像每人身上习惯带部手提电话，突然没有了，心理上会有不安的感觉。

关公·安阳年画

香港警察拜伏魔大帝关二哥，寄托了扶正除邪和精诚团结的职业理想。

不仅在伏魔大帝关公在香港受宠，而且他还悄然之间飘洋过海，在异国他乡被请上神坛。香港回归前后，很多香港移民通过英联邦的考试进入英国和加拿大的警察局，于是两国很多警察局里都摆上了关公像，这些警察更是将破案成功的原因归结为拜伏魔大帝关公的结果，这让关公信仰在海外生根发芽，威望一路攀升。

警察为什么执著而虔诚地崇拜魔大帝关公？根据有关资料，一位多年一直从事关公信仰研究的专家曾就这个问题咨询过香港警察局，得到的正式答复有两点，大意为：第一，社会上存在不公和不安，警察代表了社会正义，一身正气的关公象征着扶正除邪；第二，警察内部需要团结，关公身上正好具备这样的品质。

研究人员介绍说，警察的前身——衙役拜关公，最早始于北宋。这种信仰的形成很重要的原因即在于关公的身份，他当过别部司马，相当于捕头，即负责地方治安的官员，关公忠义的性格特点和伏魔大帝的传奇经历使他到了北宋时逐渐演变成为保佑治安的神，并且一直延续至今。

其实，拜伏魔大帝关公的人不仅仅有警察，其他很多行业也对关公顶礼膜拜，就连黑社会都不例外，他们也将关公当成心目中的偶像。

第六章 会门义气象征的关公

清代和民国时期，一些民间团体、帮会组织也十分敬仰关羽的精神和品格，赞颂他的忠义与武勇，有所谓“仰之如日月，畏之如雷霆”的说法，以关羽的忠义作为会门义气的象征、内部团结的纽带。

清末民初的义和团、白莲教、天地会、哥老会、青红(洪)帮、三合会等，都特别敬重关羽。哥老会行开山式，必于深山古庙之处，择黄道吉日，场中正面墙上祀关羽神像。三合会的各处分所均祀羽，其入会仪式既庄重又神秘，择一密室，谓之“红花亭”，中祀关羽，额曰“忠义堂”，堂中央置剪刀、桃枝，剪刀谓可剪开蔽空之暗云，桃枝则表示刘备、关羽、张飞结义之意。

刘、关、张不打不相识

谈到会门义气象征的关公，要从刘、关、张不打不相识开始。因为决定关羽人生命运的正是刘、关、张三人桃园结义。

在史书《三国志》和古典小说《三国演义》中，都记录了关羽桃园结义和其后的人生轨迹。

关羽逃出潼关后，奔走涿郡（今河北涿州）之时，正遇上东汉政府发动各地豪强地主组织武装，共同镇压黄巾起义。

在这里，关羽结识了张飞，正值聚众起兵的刘备在乡里聚集人马，关羽得知刘备是西汉景帝子中山靖王刘胜的后代，便和张飞便投奔到刘备手下。

中国有句俗语叫做“不打不相识”。刘备、关羽、张飞桃园结拜为异姓兄弟妇孺皆知，但他们三人是如何走到一起来的呢？说起三人结识，民间还有一段传说故事。

刘关张三顾茅庐

话说关羽为民除害，怒杀恶豪，亡命涿郡以后，在城里以卖豆类杂粮为生，整日推辆独轮小车走街串巷。

涿郡城里还有两个商贩，一个是卖草鞋的刘备，一个是杀猪卖肉的屠户张飞。这张飞身高八尺，腰圆膀阔，豹头环眼，燕颔虎须，脸色黝黑，且力大无穷，武艺精通，活像一尊凶神。他卖肉有个习惯，每天总把卖不完的肉存放在店铺前的一口井内，盖一块千斤巨石，上书两行大字：谁能揭开大石头，便可任取井中肉。以为天下除他之外，再无人能搬动这巨石。

一天，关羽推车路过这里看到井盖上的两行字迹，二话没说将巨石搬起搁置一边，尽取内存之肉分给众人，然后扬长而去。

张飞得知此情况，急忙追上关羽。他见关羽车上放的绿豆，随意抓起一把使劲一握，一把绿豆尽成粉末，便找碴儿说："你怎么将豆粉充作豆粒来卖?"

关羽见来人长相不凡，很有些功力，又不怀好意，亦不示弱地争辩道："我这袋里装的尽是上等绿豆，明明是你损我豆粒，却反诬我骗人，是想欺我外地人怎的?"

二人各不相让，越吵越凶，不由得动起拳脚打斗起来。

张飞力大勇猛，关羽武艺精湛，二人你来我往，尽出绝招，围观者看得惊奇，不住地喝彩助威。

这时，卖草鞋的刘备正好路经此处，看到好端端的集市被两个壮汉闹得天翻地覆，便高声相劝："二位壮士住手，有话尽可坐下来慢慢商量，何须反目成仇。"

张飞、关羽正打得起劲，哪里会听，依然打斗不止。刘备见劝说无效，便飞步跳起落在二人中间，一手拉住一个往两边一分，张飞、关羽皆如着魔一般，再用劲手脚也动弹不得。

张飞、关羽看看刘备，只见此人身材不高，体质单薄，却也眉目清秀，天庭饱满，两耳垂肩。这样的人哪里来的这般神力？不禁暗自叹服敬佩。

在刘备的说合下，两人化干戈为玉帛。三人志同道合，一见倾心，友好非常。

桃园结义成为会门义气的盛典

后来，三人来到张飞后宅桃园，摆香设案，结拜为异姓兄弟。他们“不避艰险”，“寝则同床，恩若兄弟”， 金兰盟誓，桃园结义。

《三国演义》这样描写他们桃园结义的誓词：“固然异姓，既结为兄弟，则通力合作，救困扶危；上报国度，下安黎庶，不求同年同月同日生，只愿同年同月同日死。”

虽然是小说家之言，但因为契合了骚动频繁时期中下层百姓的心态，所以桃园结义故事的影响巨大。

后世好多农民起义，都效法他们桃园结义的方式，来拉拢人心，稳固队伍，增强团结。三人以刘备为兄，组织了一支武装力量，参加到了进攻农民军黄巾起义的行列。关羽也从此开始了他的戎马生活。

桃园三结义·高密年画

关羽追随刘备的原因是关羽受的是正统教育影响，当时他对刘备并不了解，追随刘备，他看中的是刘备的皇室身份。这说明了他的实际和功利，也说明了他确有眼力，所以选择了尚默默无闻、既无势力也无名气的刘备。

中平元年(184年)，刘、关、张带着刚刚组织起来的兵马，首先投奔涿郡的校尉邹靖。黄巾军打到涿郡，他们与官兵联合出动抵挡，首战告捷，立了大功。

接着，他们离开涿郡，前去投奔正在广宗(在河北省威县东)围攻黄巾领袖张角的中郎将卢植。到广宗后，因卢植遭诬陷被押回京师，他们决定返回涿郡。

归途中，碰到黄巾军天公将军张角正在追击代替了卢植职务的董卓。关羽和张飞率领一支人马，突如其来地向黄巾军横杀过去，救了董卓。

从中平元年(184年)一直到死，关羽始终忠心耿耿地追随刘备，争雄天下，始终同心，力图匡扶衰朽的汉室。“随其周旋，不避艰险”，这是《三国志·蜀书·关羽传》对他的描述，是会门义气的最高境界，也是会门义气中老大最希望弟兄们做到的。

寝则同床恩若兄弟

刘备后来投奔幽州军阀公孙瓒，因屡立战功，任平原相，关羽和张飞担任了别部司马，分统部曲。他们三人照样“寝则同床，恩若兄弟”（《三国志·蜀书·关羽传》），关羽和张飞终日侍立刘备左右，维护刘备。

三人生死不离的传说，最早的经典是《虎牢关》，也叫《三英战吕布》或《三战吕布》。故事情节是袁术因张飞过于夸口，乃与之打赌：若吕布来攻，张飞应战。张若擒得吕布，袁术即将催粮印信付张飞掌管；若败下阵来，即将张首级悬挂营门。

及吕布前来为华雄报仇，吕布讨战，连败诸侯人马。张飞出战，不胜。

刘备、关羽恐将张飞军令从事，则三人命都不保，因为桃园结义发誓同生共死，当然是一人死，而三人同死。

虎牢关三英战吕布·平度年画

于是，刘备、关羽乃

一同应战，合战吕于虎牢关，终于将吕布击退，获得大胜。而张飞也得以不死。

虎牢关三英战吕布墨线版·平度年画

年画《虎牢关》表现的是三国戏中的场面，取材于戏剧《虎牢关》，而此戏剧则取材于长篇小说《三国演义》。

建安元年(196年)，曹操奉迎汉献帝迁都许昌(今河南许昌东)后，独掌军政大权，总揽朝政，皇帝成为傀儡。同年，袁术攻刘备，刘备与关羽拒之于淮阴(今江苏省盱眙县、淮阴市)。

建安三年(198年)，刘备被吕布打败，投靠了曹操。曹操表举刘备为左将军，拜关羽为中郎将(次于将军的武官)。

时车骑将军董承受皇帝衣带诏，与刘备及长水校尉种辑、将军吴子兰、王服等，密谋除掉曹操。建安四年(199年)，刘备恐曹操猜忌，欲乘机脱离曹操掌握，趁右将军袁术溃败，自动请求跟大将朱灵前去截击。曹操同意后，其谋士程昱、郭嘉、董昭等以为，不该放走别有存心的刘备，曹操立刻派人去追，但已来不及。

虎牢关三英战吕布·潍坊年画

袁术南逃寿春(今安徽寿县)，朱灵班师回朝。

十二月，刘备差关羽斩杀曹之徐州刺史车胄，占领徐州。

命关羽领徐州，镇守下邳(今江苏省睢宁西北邳县东)，行太守事。

刘备屯兵小沛，招兵买马，扩充实力，与朝中反曹人士遥相响应。东海(今江苏郯城)变民领袖昌稀等归附刘备，四周郡县也纷纷归附刘备，刘备的部队很快发展至数万人。

然后，刘备派使者与袁绍媾结联盟，形成对曹操的严峻威胁。

刘备、关羽和张飞还击败了前来讨伐的司马长史刘岱和中郎将王忠，暂且以徐州、下邳地域作为休整和发展的基地。

刘备之所以能不断发展，就是因为有关羽和张飞这两员虎将。

身在曹营心在汉

建安五年(200年)正月，车骑将军董承等意图刺杀曹操的方案泄露，董承、王服、种辑皆被屠灭三族，唯参加密谋的刘备幸运逃脱，且在关羽和张飞的拥戴下势力越来越大。

于是，曹操亲自征讨刘备，刘备惊悉曹操军将至，亲率数十骑出城察看，果真望见曹军旌旗，只得仓猝应战，然而力量对比悬殊，刘备被曹军击溃，逃到邺城(今河北临漳西南)投奔了袁绍，刘备妻子被俘。

曹操大败刘备后，接着攻陷下邳，迫降关羽。当时，关羽困于下邳城外一土山上，曹操派张辽上山劝降，关羽表示宁死不降，张当即指出死有三罪：

“当初，刘使君与兄结义之时，誓同生死；今使君方败而兄即战死，倘使君复出，欲求兄相助而不可复得，岂不负当年之盟誓乎？其罪一也。刘使君以家眷付托于兄，兄今战死，二夫人无所依赖，负却使君依托之重，其罪二也。兄武艺超群，兼通经史，不思与使君匡扶汉室，徒欲赴汤蹈火，以成匹夫之勇，安得为义？其罪三也。”

张辽不仅是武将，还很会做思想政治工作，他进一步指出，若降曹即有三便：“一者可以保二夫人，二者不背桃园之约，三者可留有用之身。”

经这张辽一番开导，关羽豁然开朗，决定投降，但要求三事：“一者，吾与皇叔设誓，共扶汉室，吾今只降汉帝，不降曹操；二者，二嫂处请给皇

屯土山·武强年画

叔俸禄养赡，一应上下人等，皆不许到门；三者，但知刘皇叔去向，不管千里万里，便当辞去。三者缺一，断不肯降！”

张辽答应后，报与曹操，关公也请示过二夫人，最终达成协议。

次日关羽收拾车仗，护着二嫂，随曹操到许昌。

曹操擒住关羽，看中关羽为人忠义，对其礼遇甚厚，拜为偏将军，但关羽坚持“降汉不降曹”。

曹操为了笼络关公，三日一宴请，五日一赠物，关不为所动，后曹操察觉关羽无久留之意，便用大量金银珠宝、高官、美女来收买，但关羽丝毫不为钱财名利所动。所送金银绸缎，交与兄嫂；所送美女，令伏侍二位兄嫂，又每隔三日，于门外躬身施礼，问兄嫂衣食温饱。

对此，《三国演义》作了具体描述：“操引关公朝见献帝，帝命为偏将军。公谢恩归宅。操次日设大宴，会众谋臣武士，以客礼待关公，延之上座；又备绫锦及金银器皿相送。关公都送与二嫂收贮。关公自到许昌，操待之甚厚：小宴三日，大宴五日；又送美女十人，使侍关公。”

一日，操见关公所穿绿锦战袍已旧，即度其身，取异锦作战袍一领相赠，关公受之，穿于衣底，上仍用旧袍罩之。曹操笑其节俭，关公答曰：“旧袍乃刘皇叔所赐，某穿之如见兄面，不敢以丞相之新赐而忘兄长之旧赐。”

曹操见关公马瘦，令左右牵来一匹马，马身如火炭，状甚雄伟，即吕布所骑赤兔马也。关公受之，再拜称谢。曹操不解其意，问曰：“吾累送美玉、金帛，公未尝下拜；今吾赠马，乃喜而再拜，何贱人而贵畜耶？”

关公曰：“吾知此马日行千里，今幸得之，若知兄长下落，可一日而见面矣。”操愕而悔。

曹操更加敬佩和喜爱关公，便对与关羽私交甚好的张辽说：“卿试以情问之。”

张辽去问关羽，关羽叹息道：“吾极知曹公待我厚，然吾受刘将军厚恩，誓以共死，不可背之。吾终不留，吾要当立效以报曹公乃去。”（《三国志·蜀书·关羽传》）

关羽这番话的意思是：我知道曹公对我很好，但我受刘备厚恩，立誓生死与共，绝不能背叛于他。我是不会留在这里的，只是我要立功报答曹操后再离开。

张辽将关羽的这番话转告曹操，曹操闻后，不但没有怨恨关羽，反而认为他有情有义，更加器重他。

封金挂印千里寻兄

关公斩颜良、诛文丑后，曹操对其倍加钦敬，表奏朝廷，封云长为寿亭侯，铸印送与关公，印文曰：“寿亭侯印”。对关公来说，这恐怕是最高礼遇了，但关羽看后，推辞不受，曹操猜出其中的情由，遂叫销印匠销去字，另铸印文六字“汉寿亭侯之印”，这回关公欣然受之。

关羽滞留曹营期间，曹操先后送给他金银绸衣、美女宝马，并加其爵号，可谓用心良苦，但关羽心念刘备，一刻不忘。在探知刘备确切消息，得知刘备在袁绍处后，立即去意坚定，封金挂印。

关羽把曹操屡次给他的赏赐都封存起来，把汉寿亭侯的印绶挂在堂上，给曹操写了封告辞信，护卫着刘备的家小，离开曹营，千里走单骑，到袁绍军中寻觅刘备。关羽以实际行动，描画了一个大大的“义”字。

马行千里思兄弟，花开三月想桃园·武强年画

千里走单骑·武强年画

当时，曹操的众将闻知后，要去追逐，曹操则加以劝阻。

千里走单骑·内丘年画

过五关斩六将·内丘年画

关羽许昌辞曹归刘却并非虚构。据《三国志·蜀书·关羽传》记载："初，曹公壮羽为仁，而察其心神无久留之意……及羽杀颜良，曹公知其必去，重加赏赐。羽尽封其所赐，拜书告辞，而奔先主于袁军。左右欲追之，曹公曰：'彼各为其主，勿追也。'"

从关羽被擒到他立功报曹、重新投奔刘备，这段阅历始终口耳相传，盛行播衍。到《三国演义》，形成了一个精彩纷呈的故事单元，囊括关公屯土山约三事(降汉不降曹；礼待二嫂；一旦得知刘备下落，方便辞去)；曹操厚待关羽，小宴三日，大宴五日；曹操赠袍，关羽穿于衣底，上用刘备所赐旧袍罩之，不敢以新忘旧；曹操赠赤兔马，关羽拜谢，认为乘此马，可一日而见刘备；关公斩颜良、诛文丑；关公挂印封金；千里走单骑，过五关斩六将；古城兄弟相会等。

过五关斩六将·内丘年画

过五关斩六将·汤阴年画

这一段段故事成为民间乐此不疲的传说，成为古代戏剧的经典，也成为古代年画的题材。

华容道义释曹操

华容道关公义释曹操，又从另一个角度，刻画了关公的义气性格。这是报恩之义。

华容道 · 高密年画

赤壁之战接近尾声，诸葛亮调兵遣将，皆有安排，独独不理身旁关公，关公忍耐不住，高声质问，孔明笑着解释说：曹操兵败，必走华容道，此关隘只合关公把守。

诸葛亮为何说此关隘只合关公把守呢？诸葛亮号称神算，岂不知曹操曾厚遇关公？岂不知关公义重如山，知恩图报？

原来，诸葛亮夜观天象，知曹操命不该绝，于是故意送了一个人情给关羽，也故意给关羽安排了一个报恩的机会。

果然，混战之后，曹操引一班残兵败将，借华容道突围而逃。遇泥泞，道不通，天又大风，狼狈不堪。行不到数里，操在马上扬鞭大笑，骄傲地说："人皆言周瑜、诸葛亮足智多谋，以吾观之，到底是无能之辈，若在此埋伏一旅之师，吾等皆束手受缚矣。"

话音刚落，只听得一声炮响，两边五百校刀手摆开，为首大将关云长，提青龙刀，跨赤兔马，截住去路。曹军早已成了惊弓之鸟，到此时，亡魂丧胆，面面相觑：怎么办？

华容道 · 杨家埠年画

大将程昱素知关公傲上而不忍下，欺强而不凌弱，恩怨分明，信义素著，劝曹操向关公叙旧情，讨活命。

曹从其说，纵马向前，

欠身谓云长曰："将军别来无恙！"云长亦欠身答道："关某奉军师将令，等候丞相多时。"

操曰："曹操兵败势危，到此无路，望将军以昔日之情为重。"

云长曰："昔日关某虽蒙丞相厚恩，然已斩颜良、诛文丑，解白马之危，以奉报矣。今日之事，岂敢以私废公？"

操曰："过关斩将之时，还能记否？大丈夫以信义为重。将军深明《春秋》，岂不知庾公之斯追子濯孺子之事乎？"

关公是个义重如山之人，想起当日曹操许多恩义，与后来过关斩将之事，如何不动心！观曹军惶惶，皆欲垂泪，越发心中不忍。于是把马头勒回，谓众军曰："四散摆开。"

曹操一行匆匆便过，正行间，关公大喝一声，众军皆下马，哭拜于地。

放不放他们过呢？关公犹豫难决，这时，张辽骤马而至，谢谢关公放生之恩义，关公动了故旧之情，长叹一声，并皆放去。

后人有诗曰："曹操兵败走华容，正与关公狭路逢。只为当初恩义重，敞开金锁放蛟龙。"

义释黄忠

义释黄忠的情节，则从另一个义字上，凸显了关公的义气人格的魅力。

赵云、张飞二猛将分别攻取桂阳、武陵郡后，刘备大喜，批准关羽攻打长沙的请求。长沙太守韩玄固不足道，唯老将黄忠难敌，虽年近六旬，却有万夫不当之勇，能开二石力之弓，且百发百中。

黄忠·绵竹年画

关、黄第一次交战，斗一百回合，不分胜负。次日又战，忠引数百骑杀过吊桥，与关羽交战。斗五六十回合时，关羽拨马便走，欲使拖刀计，黄忠后面紧追，就在关羽正要用刀砍时，

智激黄忠·桃花坞年画

忽听脑后一声闷响，原来黄忠马失前蹄，跌倒在地。

本是一个绝好的杀敌机会，但关羽没有乘人之危，而是急回马，双手举刀猛喝曰：“我且饶你性命！快换马来厮杀！”黄忠拣条小命，奔回城中。

第三次交战时，战不到三十回合，黄忠诈败回城，关羽后追不舍，黄忠想昨日不杀之恩，不忍便射，带住刀，把弓虚拽弦响，关羽急闪，却不见箭，继续急追。黄忠又一虚射，关羽又一急闪，又不见箭，关羽更放心地追，将近吊桥，黄忠在桥上搭箭开弓，弦响箭到，正射在云长盔缨根上。

关羽始明白，黄忠有百步穿杨之能，今日之射，正是报昨日不杀之恩。后来黄忠投诚刘备，并成为五虎上将之一，皆关公义举之功。

关公义气的内涵

何谓“义”？

“义者，宜也”（《礼记·中庸》），“行而宜之之谓义”（韩愈《原道》）。“行而宜之”，指的就是人们的思想行为要符合一定的标准。应该做的即做，不该做的则罢。为人处世，须问应该不应该，适宜不适宜。

关公之义，源于“春秋大义”。《春秋》记载了社会大变革时期一系列错综复杂的矛盾和斗争，其目的是恢复周礼，使社会各阶层人安于其位，遵守礼制，不得僭越，从而达到社会由乱而治的政治目的。关公生活的时代，世道衰微，纲常不振，和西周末年的社会特点极其相似，仁人志士伤时忧世，从《春秋》中能找到对社会的解释，也能找到人生价值取向。关公喜读《春秋》，并从中得到不少启示和指引，缘由也应如此。

关公终其一生，实践一个“义”字。青年除恶，体现的是义；桃园结拜，凝聚的是义；身在曹营，恪守的是义；沙场释敌，遵循的是义；追随刘备，其核心是义。

关公读春秋·高密年画

关公之义有着丰富的内涵，表现为忠心报国，除暴安民，知恩图报；还表现为君臣有礼，长幼有序，朋友有情。它是儒家思想伦理道德和中华民族优良传统美德的结合体。关公把义发挥到极致，也因义而获美名。

关公是义的化身，义的注解，义的象征，因此才最终成为会门义气的象征。

一些年画、版画和古代绘画，以诗画合一的形式表现关公之义的形象，从而为关公成为会门义气的象征作了形象化的铺垫，也使得关公为各种不同信仰和宗旨的会门、帮派和团体组织所信仰和敬奉。

第七章 龙王形象的关公

关公年画普及的同时，关公的传说故事也层出不穷。特别是在他的诞生地，民间关于关羽的传说故事甚多。这些传说故事均由乡间百姓集体口头创作，经过长期的流传、演变，不断修改加工，使之日臻完美动人。

关羽传说故事的内容相当广泛，从其降生出世、姓名由来、主要活动，以及死后灵魂显圣等无所不有。黎民百姓是把关羽作为神圣帝君来敬仰崇拜的，故而这些传说故事大都带有浓厚的神话传奇色彩。

在关公的传说故事中，关于他的出生和来历最为神奇的传说即为南海龙王转世说，与南海龙王转世说相类似的，还有许多传说，都与龙有关。

关羽为南海龙王转世

一个民间年画艺人对我讲述的一个关公的传说故事，使我印象颇深。他说，关羽为南海龙王转世。

南海龙王

很久以前，河东解池面大水深，直通南海。池旁有座寺院，住持方丈是个善下棋的老僧，他棋艺高超，从没输过。

这年，解州地界一连数月滴雨未落，禾苗枯黄，民无生路。一天，突然来了个红脸大汉要与老僧对弈，两人一连下了数局，也没有分出个高低。

南海龙王

大汉要求再战，老僧说他心绪烦乱，稳坐不住。大汉问其原因，老僧叹息道：“解州地方数月滴雨未下，庄稼将要旱死，百姓们可怎么活呢！”

大汉闻言即坦诚告他就是南海龙王，因玉帝不准向这方行雨，上意不可违抗。

老僧见龙王爷就在当面，立即跪倒在地，恳求其施恩，布云降雨，普救众生。

老僧跪地不起，苦苦祈求，大汉终于应允，交代老僧道：“雨过之后盐湖水面将冒出一股红水，请方丈接了此水并妥为保管。”老僧满口答应。

很快，阴云四起，电闪雷鸣，大雨倾盆而下。老僧惊喜之余，转身寻找大汉，却再也不见踪影。大雨整整下了一天一夜，旱象解除，百姓得救。

雨停之后，老僧来到湖边，果然有一股红水从湖底升起。老僧急忙接来装入桶内，严严实实盖好置于僧房。

一百日之后，老僧打开装有红水的桶盖观视，只见一个红脸男童从桶中跳出，此人便是日后的关羽。

青龙君被杀贬人间

关羽的降生被人们传得很神奇而纷杂，大多将他与最高权威的象征——龙联系在一起。

在民间还有一则传说，说关羽原来是天上的一条龙，主管九州之一的冀州（汉代称河东，今称运城）的大部地域的风雨民情。

由于境内盐池“天旱收盐，雨涝有田”，十分富庶，老百姓不以粮食为贵，浪费成风，天帝为之震怒，于是决定大旱三年，再以天火烧光所有生灵。

青龙君在河东大旱二年后，有点于心不忍，来到解县境内后，看到一妇女怀中抱一大儿，手拉一小儿在寒风中行走，便十分奇怪地责问此妇女。

妇女相告：怀抱大儿，乃大伯之子，大伯与嫂已双双亡故，因而绝不可使此孩有所闪失，否则将无颜以对九泉之下亡灵。

青龙君闻言大为感动，嘉其大义，便告知此妇女：正月十五日至十七日，每晚在家院中放火到天亮，不可外出门户，以避免天灾，千万牢记！

此妇人觉得奇怪，便向当地风圣庙中道长讲了，由之又四下传开了正月放火的消息。

青龙

青龙君别妇人后，径向东海龙王请求，为老百姓下了一场大雨，解除了天旱。

由于泄露天机，又祈请下雨，青龙君被杀贬人间——这就是关羽降生人间的原因。

解梁老龙说

徐道《历代神仙通鉴》记载了另一个与龙有关的传说，说关公的前生本是“解梁老龙”。

汉恒帝时，河东连年大旱，老龙怜众心切，是夜遂兴云雾，汲黄河水施降。

玉帝见老龙有违天命，擅取封水，令天曹以法剑斩之，掷头于地。

解县僧普静，在溪边发现龙首，即提到庐中置合缸内，为诵经咒九日，闻缸中有声，

龙头·腾冲纸马

启视空无一物，而溪东解梁平村宝池里关毅家已有婴儿落地，乳名寿，幼从师学，取名长生，后自名羽，字云长。

民间传说中也有类似故事，说的是关羽为火龙星降生。

火龙星降生说

民间传说较多的故事中，还有关羽为火龙星降生的故事。

天上的火龙星是位善良正直的天神。一次玉帝命其到凡间放火烧毁万户村，他见那里的百姓朴实忠厚，辛勤耕耘，一连三次都不忍心施火，最后只烧了村里一户作恶多端的财主回去交差。

玉帝见火龙星屡屡违抗天命，欺哄上天，敕令冥王星将其捉拿归案问斩。

火龙星在临赴刑场时托梦给他的棋场老友——仙山寺住持老僧，嘱请其在六月十七日午时用铜盆接住从天廷断头台滴下的血水，密封存放七天七夜，如是，他便可以转世凡间为人。

火龙星

老僧同情朋友的不平遭遇，遵嘱而行，把接得的血水用寺内一口大钟严严实实地盖了起来。

转眼六天过去了，寺内的几个小和尚等不及，趁主持不在时抬开大钟，看到盆内血水已凝结成一个血球，有碗口般大小。小和尚们正在惊奇之时，突然一团红云冲起，血球变成了一个小儿。

因为还差一天不到期限，血球的血气尚未消完，故而孩子脸色赤红，如同重枣。此儿即是日后的关羽。

关羽为草龙变化

传说，很久很久以前，天上玉帝降旨让解州地面大旱三年。解池内卧藏着一条草龙，不忍百姓遭受灾荒之苦，便常常兴风作浪，让池水漫及四周田野，浇灌那五谷禾苗。

草龙·玉溪纸马

玉帝闻知小小草龙竟敢与他作对，便下令斩杀草龙，并加重解州灾情，使其六年不雨。草龙托梦给池神庙的守庙和尚，请其从棉田里采摘一团白棉置于神案并扣上大磬，九九八十一天后再掀开。

和尚遵嘱而行。八十一天之后，和尚掀开大磬，却看到棉团上卧着一个白胖男儿，口里直叫“好热!好热!”

和尚用清水给小儿冲澡，直到把庙里的水全都用完，还是无济于事，小儿依然燥热难解。和尚抱起小儿投入盐池之中，让其在大水里洗个痛快。小儿入得盐池便如鱼得水，翻上潜下，搅得池水波浪四起，漫溢向四周农田。

干枯的禾苗得到甘露，茁壮生长起来，六年不雨的解州从此年年丰收。

玉帝闻报此讯大发雷霆，派两名天将下界捉拿小儿。小儿在水中与天将搏斗了几个时辰，由于人小力弱渐渐不支，便请求在池边洗衣的老妪相助。

龙王·腾冲纸马

老妪将小儿掩藏于围裙之下，骗过天将。小儿再求老抠给其指条生路。老抠就地抓了一把红土抹在小儿身上，又从怀中取出一把芝麻让其吞下。

芝麻入腹，小儿痛疼难忍，倒地乱滚，浑身骨骼铮铮作响，痛定之后，小儿已是脱胎换骨，变成一个周身通红的汉子。汉子正要起身感谢老妪，却见她化作一只仙鹤远翔而去。

两个天将转回寻找小儿决斗，却再也不见踪影，棉田里只有一位面如重枣的汉子，正在挥锄除草。这位汉子即是日后的关羽。

为何关羽的来历与如此多的龙传说相关呢？这是因为，在中国古代，龙是皇权的象征，只有皇帝才能比喻为龙和使用龙字，如龙体、龙子、龙孙等。

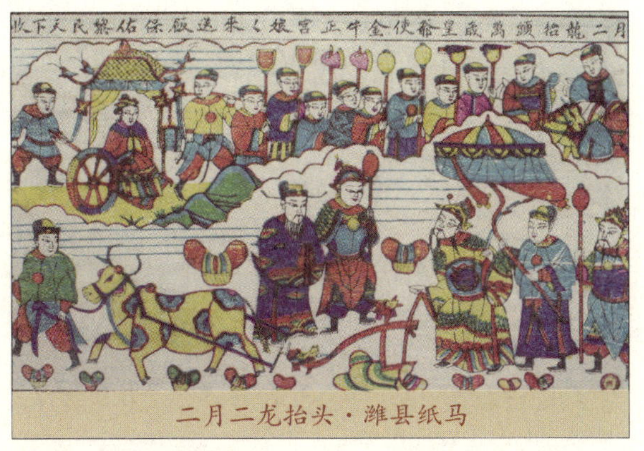

二月二龙抬头 · 潍县纸马

关羽是帝，是圣，因此人们乐意将他与龙相提并论，给予他最尊崇的地位。

关公与土地爷

关公是龙王，但他神力广大，不仅能飞龙在天，入水为蛟，还能入地，是土地神的领导。

在滩头，我收藏到了两张关于关公的年画，一张是高腊枚印制的门神年画《关云长》，另一张是李咸陆印制的。此外，我还收藏到了一张与关公相关的纸马，是当地纸马艺人印制的《土地爷》。

土地 · 滩头纸马

我买《土地爷》这幅滩头民间年画纸马时，卖给我这幅纸马的滩头民间年画艺人对我讲述了土地爷和关老爷的故事。

相传，很早以前解州西关有座土地庙香火很盛，进庙朝拜祈祷的人很多。自从建起规模宏大的关帝庙后，人们敬奉关帝而忘掉土地爷，弄得土地庙门庭冷落，无人问津。对此，土地爷十分恼火，很不服气。

一天，关帝外出做客，便请土地爷代管一下庙里的事。土地老儿暗自高兴，觉得这回可借关帝神位大显身手，重扬神威。

土地祠·凤翔年画

土地刚刚坐上关帝的神位，就有四人一齐进庙。一个老者首先开言：“求你别叫天公下雨，小民的烟叶都快霉坏了。”一个中年汉子接着说：“求你快让天公下点雨，我那几亩庄稼地都干得裂了缝。”另一个老头则讲：“求爷千万别刮风，我的果树开满了花，风起花落没收成。”夹包袱的老太婆最后道：“求爷行行好，刮个顺船风，我有急事回家中。”

土地听了四人的求告，一时犯了难：一个求晒，一个求雨，一个怕风，一个盼风，这倒叫我如何是好?想了半天，也没个妥贴的办法，只好先找个托词打发了四人：“今天先都回去，明日回答你们。”

四个香客出庙，土地还在神位上打转转，嘴里喃喃自语：“非我土地无能，就是他关帝在，也未必有什么好法子……”

正好这话被回庙的关帝听见，便问土地：“什么事我无法解决?”土地见关帝归来，便照实讲了事情的经过。

关帝听后不加思索顺口说道：“这有何难！白日太阳晒烟叶，夜晚下雨浇农田；风来不进果林去，顺河送客莫偷闲。”

土地闻言，自愧弗如，心悦诚服地叹道：“小神我敬服你关圣帝君了！”

此外，还有一些传说故事，不过，有关这些传说故事的年画，我尚未收藏到。

第八章 三教护法神形象的关公

清代关庙中有这样一副对联，概括了关羽在中国传统社会中的历史文化地位和巨大影响：“儒称圣，释称佛，道称天尊，三教尽皈依。式詹庙貌长新，无人不肃然起敬；汉封侯，宋封王，明封大帝，历朝加尊号。矧是神功卓著，真所谓荡乎难名。”

儒道释三教之目在南北朝时，就已经出现，三教由论争走向融合，代表着中国思想文化主流的形成和发展过程。三教本有各自的价值体系和崇拜系列，但在一个人身上，却出现了一个奇迹，竟然集中三教之崇拜于一身，这个人就是关羽。

道佛两家也把关公奉为护法神，封为“荡魔真君”、“伏魔大帝”、“伽蓝神”。在民间，关公扮演了扬善惩恶、驱邪辟魔、主持正义的保护神的角色，成为妇孺老幼尊奉的万能之神。

佛教与护法神关羽

关羽与佛教结缘，开始于陈、隋年间，这时出现了一个“关羽显圣”的说法，与佛教传布有关。那么，关公是如何成为佛教的护法神的呢？

传说，关公麦城战死后，冤魂不散，满怀一腔冤气，提着脑袋，四处鸣冤。

一天，关公路遇佛祖释迦牟尼（道教说遇见太上老君）向佛祖倾诉满腔冤屈之后，佛祖开导他：“你说死得太冤，可是，你生前斩颜良、殊文丑、过五关斩六将，难道被你所杀的人还少吗？难道他们都该杀，人家都死得不冤？”

关公一听，顿时大彻大悟。询问佛祖，如何才能消除冤气，断除六根？

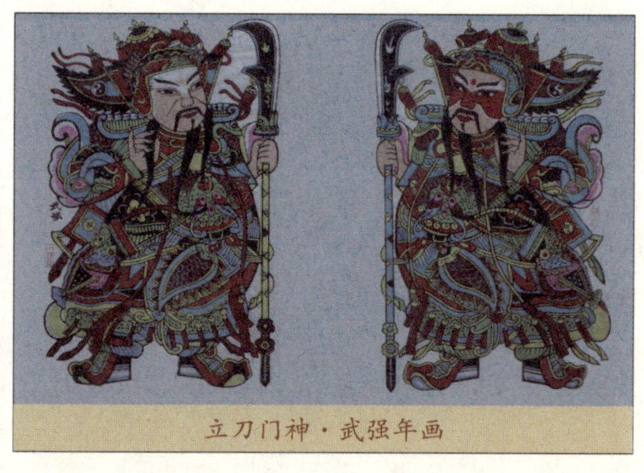
立刀门神·武强年画

佛祖劝他，赶快皈依佛门，才能心底坦荡，祛邪扶正。关公听了佛祖规劝，决心皈依佛门，后被佛教封为“三界伏魔大帝神威天尊关帝圣君”。

这一传说和玉泉山给智者建庙的传说如出一辙，但点化他的人物不同。

隋唐时期最有影响的佛教门派创立者天台四祖智者和禅宗北派六祖神秀，借民俗信仰在当阳玉泉山开寺，是佛学走向本土化的一个证明，他们都与关公有关。

据清乾隆版《关帝志·灵异·建玉泉》中记载，隋开皇十二年(592年)，当阳天台智者夜梦关公显灵，承诺“吾当为力建一刹供护佛法”，并大施威力促玉泉寺成，关公受五戒，遂为此寺伽蓝神，即寺院的护法神。

考证其他史籍，《佛祖统记·智者传》云：智者名叫智顗，是佛教天台宗创立者，世称“天台大师”，开皇十三、十四年曾在荆州玉泉寺演说。

全国最小的伽蓝庙——漳州伽蓝庙

关于智顗，有很多记载，如中唐德宗贞元十八年(802年)董侹《重修玉泉关庙记》(载《全唐文》卷六六四)记载：

“陈光大中，智顗禅师者至自天台，宴坐乔木之下，夜分忽与神遇，云：‘愿舍此地为僧房。请师出山，以观其用。’指期之夕，万壑震动，风号雷虩。前劈巨岭，后堙澄潭，良材丛仆，周匝其上；轮奂之用，则无乏焉。”

天台宗学倡导大开“方便法门”，以调合儒、道两家思想，智顗则是这一教派的实际开创者。

天台宗是佛教宗派中与道教关系最为密切的一宗，是最早与天竺所传教义有所区别的中国教派，融合了儒、道思想观念。它借关羽以传教绝非偶然。

漳州伽蓝庙里的伽蓝神

较早实行本土化的佛教派别还有禅宗，禅宗也流布“关羽显圣”之说。《历代神仙通鉴》卷一四记载：

“(唐仪凤末年)神秀至当阳玉泉山，创建道场。乡人祀敬关羽，秀乃毁其祠。忽阴云四合，见公提刀跃马，秀仰问，公具言前事。即破土建寺，令为本寺伽蓝。自此各寺流传。”

神秀就是在禅宗公案中因为“身是菩提树，心如明镜台。时时勤拂拭，勿使惹尘埃”一偈丢了五祖衣钵传承的人。

神秀的传人普寂恰好是关羽的老乡。“普寂姓冯氏，蒲州河东人也。年少时遍寻高僧，以学经律。时神秀在荆州玉泉寺，普寂乃往师事，凡六事，神秀奇之，尽以其道授焉……(神秀卒)制令普寂代神秀统其法众。”(《旧唐书》卷一九一本传)

《三国志演义》中曾出现过一位在汜水镇国寺和关羽叙过乡情，后又在玉泉山结茅，以一句“颜良安在”喝破关羽的普净。

有学者认为就是这位曾住玉泉寺而又声名赫赫之“普寂”的一音之转。普寂有著于当世之名“法山净”(据朝鲜金九经校敦煌唐写本)。将“普寂”与“法山净”截头加尾，另为之名，正小说家喜欢的作为。

初唐道宣所著南山律宗所据重要典籍《四分律删繁补阙行事钞》卷下《僧象致敬篇》中，谈及世俗贤人只要内心刚正，外有威仪，即能获得人们敬重，有一则举证性质的小注曰：“似刘氏重孔明等。”这个“等”里面，自然包括关羽。

《全唐诗》二四八卷载有玄宗时人郎君胄题《关羽祠送高员外还荆州》一诗，郎曾出任郢州刺史，这首诗说明当时已建有关羽祀庙。

张商英元丰四年(1081年)撰述《重建关将军庙记》(《玉泉寺志 · 词翰补

遗》)，已把关羽皈依佛门以前的形象描述为“大力鬼神”，能够“震霆掣电，鞭鬼捶口”。

《元史》本纪记载，“(元)世祖尊崇佛教，用汉关壮缪为监坛”，此时关羽又被引入黄教(喇嘛教)。满清本崇黄教，羁縻蒙古各部对关羽之尊崇更甚。

世祖征服内蒙古诸部，曾以《三国志》桃园结义事为例，与蒙古诸汗约为兄弟，满州自认为刘备，蒙古为关羽，统治中国后，恐蒙古之携贰，于是累封关羽至“忠义神武灵佑仁勇威显护国保民精诚绥靖翊赞宣德关圣大帝”，以示尊崇蒙古之意。

可见，蒙人除信仰喇嘛，最尊崇的人只有关羽。徐珂《清稗类抄》卷六十四称：“二百余年，备北藩而为不侵不叛之臣者，端在于此。其意亦如关羽之于刘备，服事惟谨也。”

明清以后，佛寺供奉关羽为伽蓝菩萨者日渐普遍，以至于明人曾表示强烈不满，说：“禅林道院中有护法神，曰伽蓝。或当户而立，或拱侍于旁。神不拘一，而以关帝作伽蓝者大概十之八九。夫释道各崇其教，今护法则争尚关帝，何也？”(《古今图书集成·神异典》卷三七《伽蓝辨》)

佛教与关羽的联系，还可以追溯到楚地巫风淫祠的民俗。关羽最初显圣，有“此祠鬼助土木之功而成”(唐·范摅《云溪友议》)的说法，而“解使鬼法”、“役使鬼物”(参《三国志·张鲁传》及《宋书·二凶传》载严道育事)正是巴人信奉的天师道的拿手本领，两者结合，奠定了早期的民俗信仰的基础，也为后来关羽成为佛教之尊作了铺垫。

关公和观音·武强年画

宋代以后，关公由一家寺院(或佛教一宗)的护法神一跃而为整个中国佛教护法神，各家寺院都把关公请进自己的门槛。杭州的灵隐寺、山西五台山一些寺院及交城县的天宁寺均有关公神像，就连北京著名的喇嘛庙雍和宫，也在西跨院中辟有关帝殿，供奉着一尊制作精美的关公铜铸坐像。

从全国各地寺庙来看，至今仍有护法关羽神像。流传下来的很多古代年画、宗教画，表现了佛门尊关公为护法伽蓝神的画面。

民间年画忠实记录了关公在佛教中的地位。观音是佛教中最受古人欢迎的神仙，在明清时期的武强民间年画中，有关公和观音同在一画的年画，通常是观音在上，关公在下。这说明了关公与佛教的关系，其地位仅次于观音。

道教护法神关羽

佛道儒三家鼎足，经过长期“三教论衡”之后，老子受大圣祖高上大道金阙玄元天皇大帝之尊号，庙号太清宫，被唐皇攀认为祖宗，道教渐行。

道教称关公为“关圣帝君”，简称“关帝”，最初为道教的护法四帅之一，后来道教又将他作为财神来供奉。《正统道藏》记载有关于关公的故事。

立刀门神·夹江年画

立刀门神·夹江年画

《古今图书集成·神异典》卷三七中，详细记叙了关羽在北宋加封的经过：宋真宗大中祥符年间敕修关圣庙。哲宗绍圣三年赐玉泉祠额曰“显烈王”。徽宗崇宁元年追封“忠惠公”，大观二年加封“武安王”。宣和五年敕封“义勇武安王”。

《解州志》也有：“关圣庙在城西门外，宋真宗大中祥符年间敕修。”

《续资治通鉴》卷八十九《宋纪八十九》：“(崇宁四年，1105年)五月，壬子，赐信州龙虎山道士张继元号虚静先生。汉张道陵三十代孙也。张氏自是相袭为山主，传授法箓者，即度为道士。”“六月，丙子，御紫宸殿，以修复解池，百官入贺。解池为水浸坏八年，至是始开四千四百余畦。”学者认为，是张氏之召，与解池之复，相继而至，产生了两相关联的说法。

道教本诸中国原始信仰和巫术巫风，因此，关羽崇拜中很早就赋予他特别功能，其中影响最大的是祈雨。

唐代刘宇《河东盐池灵庆公神祠碑阴记》（《全唐文》卷六百二十）中有“顷以天久不雨，虑失其岁，职方于是斋心累辰，亲执牲帛，将至诚之德，告灵化之源。尝不朝而雨斯足，如是者数四。是则人有德于神，神亦有德于人”之语。

可知“关羽斩蚩尤”之解州盐池，原有池神司雨，这个功能后来为关羽所具有。

关公斩杀蚩尤本是荒诞无稽的神话传说故事，但宋真宗时期的道教首领张天师第一次请关羽出来降妖除怪，开始把关公拉进道家的教门，以后的道教信徒也都尊崇关羽了。

关羽之崇封与道教正一派的兴盛有特别的渊源，以盐池斩蚩尤而论，也同样表现着符篆派道士“阜民之财解民之愠”的现实关怀。

从黄茂才《武安王赞》中“气盖世，勇而强。万众中，刺颜良。身归汉，义益彰。位上将，威莫当。吴人诈，失不防。质诸心，吾何伤？严庙貌，爵封王。祚我宋，司雨旸。祷而应，弥灾荒。名与泽，蒙泉长。”（《关帝志》卷四《艺文下》）可见，其中的“司雨旸”，正是北宋时关羽已成为民间祷雨之神的真实写照。

后世北方地区流传的“五月十三日关羽诞日”必有“关老爷磨刀雨”，可能就源于“司雨旸”。如此，关羽崇拜在传统农业社会中，已与人民福祉紧密相连。

从道教通俗劝善文有《关帝觉世真经》、《关帝明圣经》、《戒世子文》等，也可以看出关公与道教的密切关系。

全真派之北京白云观及武当山道观中，有关羽之“财神”或天尊造像。可见，道教曾一度主要是把关公当成财神敬奉。

据《关帝志》卷之一《封号》载，万历四十二年十月加封关羽为“三界伏魔大帝神威远震天尊关圣帝君”时，还“特命全真道士周庬真等赍请，前去彼处，供安镇静方隅，肃清中外”。

可知道教中崇奉关羽者，不独龙虎山南宗正一派，也延至盛行于元代之北宗全真派。

儒家与关羽

儒家本“不语怪力乱神”，所以是“三教”中最后一个介入关羽崇拜的。但也正是因为儒家的介入，关羽崇拜才最终确立了它的全民族地位。

《三国演义》中一统天下的最终是曹操，曹操是成功者，堪称英雄，但后人的评价是“奸雄”。而三国人物中最终的英雄是失败者，是关羽。因关羽是立德的楷模，也就成了儒家的楷模。

关羽成为英雄是自下而上的，是由民间信仰和宗教力量推至上层崇奉，最终文士儒生接受了关羽，又反馈到下层百姓。之所以能被各阶层人们所接受，其中一个原因，就是以《春秋》为代表的儒家史学观影响着各界人士。

关羽与儒家的渊源可以从秉烛达旦读《春秋》这一细节体现出来，也可以从“义存汉室三分鼎，志在春秋一部书”这张民间年画体现出来。杨家埠、武强等民间年画中，都有这幅年画。

义存汉室三分鼎，志在春秋一部书·武强年画

该画描绘了关公挂印封金，千里走单骑，寻找刘备的故事情节。同时，上面的诗句，也点明了关公秉烛达旦读《春秋》的典故。

笔者收藏的这类年画中，其中一张的制作者是武强民间年画艺人韩铁安。笔者在韩铁安家里求购年画，当选中这幅年画时，他特别介绍道：“关公一生喜读《春秋》，并以‘声禁重、色禁重、衣禁重、香禁重、味禁重、室禁重’为生活准则，律已教人。”

“这六个禁重的意思是什么呢？”我向韩

铁安请教道。

韩铁安对我解释说：“声禁重指的是不要过多地听那些缠绵之音；色禁重指的是不能好色纵淫；衣禁重指的是衣着不必太讲究；香禁重指的是不可过分打扮而涂脂抹粉；味禁重指的是饮食不宜太珍贵；室禁重指的是寝宅不必宽大华丽。否则，就会养成好逸恶劳、贪图享受的坏习惯而丧失斗志，贻误事业。”

义存汉室三分鼎，志在春秋一部书·武强年画墨线版

这幅年画是有故事的——

曹、刘争夺徐州，命羽镇守小沛。刘备兵败投奔河北袁绍，曹兵进围小沛，关羽及刘备的二位夫人皆为俘虏，被带至许都。曹操为笼络关羽，对其百般殷勤，赠给他众多的金银财宝、绫罗绸缎，关羽先是拒之不受，后则接纳封存，点滴不用。

曹操三日一小宴、五日一大宴地款待关羽，关羽则自我节制，从不过量饮酒进食。曹操将关羽安置在一宅两院居住，关羽却将内宅分给老兵，自己则独居外间。曹操请乐师为关羽演奏缠绵之音，又派去十个美女侍奉关羽，关羽无心听乐，且令美女都去服侍刘备的两位夫人。

曹操无计可施，最后竟然要关羽与刘备的两位夫人同住一室。关羽从容地燃起蜡烛独坐室外，通宵达旦、专心致志地阅读《春秋》。曹操知情，不由肃然起敬。

因此，武强古代的年画艺人创作了这幅“志在春秋一部书”的年画。

河南开封朱仙镇年画中，也有关公年画。今河南许昌市中心有座“春秋楼”，又称“大节亭”，相传即是关羽当年秉烛达旦读《春秋》的地方。

最壮观的“春秋楼”是解州关帝庙的“春秋楼”，最好看的关羽读《春秋》雕塑也在这座“春秋楼”中。

该楼上层中部设木制暖阁，内塑关羽侧身手拈长髯读《春秋》坐像：关羽头挽幞头巾，穿蓝色蟒袍，足蹬云头靴，右肘扶垫侧面观书。雕像生动显现出关羽研读《春秋》的生动形象。

阁内壁板刻楷书《春秋》全文，字迹苍劲有力，与塑像关系密切，结合巧妙。这种形式与内容完美统一的独特手法，为其他关帝庙中所不备。

民间年画和雕塑简单而直白，而历史却复杂得多，但关公独冠儒道释三教的形象，却在这些民间年画和艺术中得以展现和流传。

第九章 古代戏剧中的关公

在中国戏剧发展的历史过程中，曾经出现过“三国戏”热，而“三国戏”中最多的是“关公戏”。许多著名的剧种都有相当数量的“三国戏”和“关公戏”。

以京剧为例，148出“三国戏”，单独写关公的戏就有20出。再以关羽家乡蒲州梆子为例，“三国戏”有记载的88出，其中“关公戏”就有18出。

关公得以为广大民众所认识、所接受并信仰，与关公戏剧的广泛传播是分不开的。

关公戏的源流

三国故事改编成戏曲在舞台上演出最早可追溯到隋代，据《大业拾遗记》载，炀帝(604—618)敕学士杜宝修《水饰图经》15卷，在曲江池大会群臣观看，其中属于三国故事的有5出。我收藏了潍县很多有关三国故事的戏剧年画，大多是张殿英和其子张运祥印制。

古城会·武强年画

据介绍，唐玄宗李隆基始创梨园，三国故事的剧目更加增多。

北宋时有种影戏(疑为现今的皮影戏)，即有关羽形象的出现。宋人张来所著《明道杂志》中记载：“京师有富家子，少孤专财，群无赖百方诱导之。

而此子甚好看弄影戏，每弄至斩关羽，辄为之泣下，嘱弄者且缓之。”

元人陶宗仪所著《南村辍耕录》中称，金院本有《大刘备》、《赤壁鏖兵》、《骂吕布》、《襄阳会》等6种三国戏，每出戏中都有关羽的形象。

进入元代，杂剧逐渐成为文学领域里的主流，三国戏当是杂剧中的重要一类。

据《元曲选》等古籍记载，以三国故事编写的杂剧约60多种（一说40多种），而以关羽为主角且属名家创作的就有10多种（一说12种），主要有如下：

《关张双赴西蜀梦》，简称《双赴梦》，关汉卿撰。全剧4折。

《关大王独赴单刀会》，简称《单刀会》，关汉卿撰。全剧7折。

《刘关张桃园三结义》，简称《桃园结义》，作者不详。

《虎牢关三英战吕布》，简称《三英战吕布》，郑光祖撰。

《关大王月夜斩貂蝉》，作者不详，原作已佚。

《秉烛达旦》，尚仲贤撰，原作已佚。

《关云长千里独行》，简称《千里走单骑》，作者不详。

《关云长古城聚义》，简称《古城会》，作者不详，原作已佚，现演剧本为后人新作。

《关云长单刀劈四寇》，简称《单刀劈四寇》，作者不详。

《汉寿亭侯怒斩关平》，简称《怒斩关平》，作者不详。

元代对关公的美化、圣化和神化，较两宋更为深入，更为扩大，主要是借助在元代兴盛起来的杂剧和平话，将关公的忠信义勇描写得更加具体生动。

元代著名戏剧家关汉卿的《关大王独赴单刀会》（简称《单刀会》），表现的就是关羽的故事，其忠勇形象得到进一步充实。剧中，通过乔阁老这个人物对关公的堂堂英武气概进行了活灵活现的描绘：

上阵处三绺美须飘，
将九尺虎躯摇。
五百个保关西，
簇捧定个活神道。
敌军见了，唬得七魄散五魂消。

你每多披取几副甲，
每多穿取几层袍，
恁的呵敢荡翻那千里马，
迎住那三停刀！

《古城会》又名《关云长古城聚义》，也是关公戏中的名剧。

《古城会》取材于小说《三国演义》和明人传奇《古城记》，剧情描写了三国时，刘、关、张于徐州战败离散，关羽保二皇嫂投曹操后，关羽得知刘备、张飞在古城，喜不自禁，封金挂印，离开曹营，急忙前往，保二皇嫂寻兄抵达古城。

张飞因关羽久居曹营，对其表示怀疑，并出城责备，疑其有诈，不肯收留。关羽正在为自己进行表白的时候，秦琪的舅舅蔡阳率军追来，张飞更加怀疑，以为是关羽引军前来。

于是，关羽力斩蔡阳于古城郊，以表示自己对兄弟的一片赤胆忠心。

张飞知道自己错怪了二哥，刘备也出面讲情，误会解除，兄弟重又相聚。

关公戏的数量

到底有多少出关公戏，恐怕和关公庙多如牛毛一样，无法统计。

清代关公戏达到鼎盛。这是因为清代中叶，产生了新的剧种——京剧。

此后，关公戏在京剧中最多，其中著名京剧艺人王鸿寿（红生演员）编演了连台本关羽戏，由关羽出世的《斩熊虎》，演至其死后的《雪地斩越吉》共36出。

王鸿寿的弟子李洪春又增编了《走范阳》、《阅军教刀》、《收姚斌》、《破羌兵》、《教子观鱼》，使关羽戏连台本成为41出。

1962年，上海文艺出版社出版了李洪春演出的《关羽戏集》，仅仅一个演员的《关羽戏集》，就有27出关公戏。而且这27出关公戏还只是选录了李洪春演出的部分关公戏。

不过，这27出关公戏基本上都是关公戏的代表作。如《斩熊虎》、《桃园结义》、《造刀投军》、《斩华雄》、《斩车胄》、《屯土山》、《赠袍赠马》、《白马坡》、《诛文丑》、《阅军教刀》、《破汝南》、《灞桥挑袍》、《过五关》、《收周仓》、《古城会》、《训弟》、《收关平》、《火烧博望坡》、《汉津口》、《临江会》、《华容道》、《战长沙》、《单刀会》、《取襄阳》、《水淹七军》、《刮骨疗毒》、《走麦城》都是经典剧目。

从现存的一些资料看，蒲剧著名演员董银午演的《出五关》、《古城会》、《水淹七军》、《取长沙》等剧目，均属脍炙人口之作。

八里桥·武强年画

除京剧、蒲剧之外，兴演关公戏的地方剧种还有：

流行于湖北、河南、陕西、湖南等地的汉剧，其代表剧目有《桃园结义》、《汜水关》、《挑袍》、《古城会》、《华容道》、《战长沙》等10余出。

流行于四川和云南、贵州部分地区的川剧，其代表剧目有《步月杀熊》、《困土山》、《聚古城》、《水擒庞德》等。

流行于安徽、江苏等地的徽剧，流行于河南及邻近各省的豫剧，流行于广东及广西部分地区的粤剧，流行于湖南的湘剧，流行于云南、贵州及四川部分地区的滇剧，流行于广西和湖南部分地区的桂剧，流行于江苏苏州一带的昆剧，流行于江苏北部、上海及安徽部分地区的淮剧，流行于河北、天津、北京及东北三省部分地区的河北梆子，流行于陕西及西北各省部分地区的秦腔，流行于江西的弋阳腔和流行于安徽部分地区的青阳腔，等等，都有大量表现关公的剧目。

关公戏中，有一出《八里桥》，也名《关公辞曹》、《灞陵桥》等。

该剧取材《三国志评话》。《三国志评话》为了表现曹操的奸诈，虚构了这样的情节：曹操听说关羽“出长安，西北进发”，采纳张辽之计，先于灞陵桥埋伏军兵，等关羽至，假作奉酒赠袍，欲借机捉住关羽。关羽十分警惕，不下马，不饮酒，以刀尖挑袍而去。

戏剧《八里桥》中却表现的是：曹操引数十骑随后赶来，对关羽说，恐将军途中乏用，特具路资相送。一番推让后，又说，云长天下义士，恨吾福薄，不得相留。锦袍一领，略表寸心。

这份诚恳甚至超过了刘备，即使是做出来的。因曹操本性残暴，杀人不眨眼，手下谋士动辄被杀，但对于关羽这样的人才的态度，相对于董卓，堪称枭雄。

古代几乎所有剧种都演出了这一戏剧，版本不同。如河南曲子《关公辞曹》中，曹操唱："在曹营我待你哪样不好？顿顿饭四个碟两个火烧。绿豆面拌疙瘩你嫌不好，厨房里忙坏了你曹大嫂！"

有的剧中，曹操是这样唱的："曹孟德骑驴上了八里桥，尊一声关贤弟请你听了：在许昌俺待你哪点儿不好？顿顿饭四个碟儿两个火烧，绿豆面拌疙瘩你嫌俗套，灶火里忙坏了你曹大嫂，摊煎饼调榛椒香油来拌，还给你包了些马齿菜包，芝麻叶杂面条顿顿都有，又蒸了一锅榆钱菜把蒜汁来浇……"

而京剧中关于这个情节的唱词是不同的。曹操（西皮快板）："在曹营我待你恩高意好，上马金下马银美女红袍。保荐你寿亭侯爵禄不小，难道说你忘却了旧日故交！"

还有一个版本曹操唱："曹孟德在马上一声大叫，关二弟听我说你且慢逃。在许都我待你哪点儿不好，顿顿饭包饺子又炸油条。你曹大嫂亲自下厨烧锅燎灶，大冷天只忙得热汗不消……"

这几段地方戏的板腔体唱词，除了以情动人之外，更铺排各类"最好的"吃食，让观众感到这么多好吃的都拢不住关二爷的心，他还非要回去找他大哥，这关二爷是多忠的人啊！

《八里桥》折子戏里，有一些精彩对白，耐人寻味。如演至关公挑袍时，曹操挽留，关羽终是不肯，无奈之下，曹操提议要敬关羽三杯酒，以此话别。其实，那酒里下了毒。

关羽："呀！酒祭宝刀火烟飘，关二爷马上怨曹操；口口声声待俺好，酒中下毒为哪条？我若不念前情意，今天难逃这一刀！”

曹操：“（惊）啊呀！霎时一阵火光冒，吓得老夫魂魄消。是谁酒中施了计，回营查出定不饶。羞得老夫无话表——将军哪！灞陵桥赠送你这大红袍！来，红袍献上！”

许褚：“是！君侯请来穿袍！”

关羽：“丞相，我到曹营你拜我几拜？”

曹操：“记得是三拜。”

关羽：“好！日后丞相若犯到某的刀下，我饶你三饶。”

许褚：“此人无礼太甚，待俺前去擒他！”

曹操：“不可！那关羽一人一骑，吾等数十骑，他怎不疑？放他去吧！带马回营！”

从《八里桥》戏剧年画上可以看出，八里桥下，曹操与关羽，一个是再三挽留，一个是去意已决；一个是求贤若渴，一个是忠字当头；一个是惜才如命，一个是义字等身；一个是恨不得把心掏出来让对方看看，一个是丹心如故说啥也不留。

有人说，曹操本可以杀了关羽，曹操太傻。其实，曹操不傻，曹操做的是一种姿态，连关羽这样的人都放了，哪个人才还害怕投到曹操门下呢？放走一个关羽，引来十个关羽，这就是曹操的精明之处。

在《三国演义》第二十七回目，关羽辞别曹操，一路奔袁绍而去，过五关，斩杀曹操六员大将，曹操不可能不知道，而曹操特别理解关羽，还特别命人一路关照不可拦截关羽，使关羽能安全出关。

历史是公正的，在许昌有一则有关曹操的评说：三国英雄人物，曹操当数第一；历代风流将相，曹操为冠。他文武兼备，大智大勇，既是历史上杰出的政治家、天才的军事家，又是一个风流倜傥的大诗人。他一生戎马倥偬，逐鹿北国，铁血万里，打败了与之抗争的一个又一个对手，是真正的大英雄。

看三国故事，可以发现，曹操、刘备、孙权乍一出场，在拉拢人才上都是费尽心机：刘备几次对赵子龙泪眼相送，孙权收太史慈相对明快，最著名的还是曹操挖空心思试图收关羽。

如今，关云长千里走单骑开始的地方八里桥还在，名灞陵桥，位于许昌市西郊八里的石梁河上。明嘉靖《许州志》记载："八里桥在州西八里，相传为曹操送关羽之所。"

以此看来，此桥本不是灞陵桥，可是它为什么叫灞陵桥呢？

灞陵桥，本指灞桥，在如今的西安市东灞水之上，汉、唐人每每在此折柳送行，唐宋诗词中常常以之入典，因而为后人所熟知。但许昌此地既无灞水，又无皇陵，怎么可能会有灞陵桥呢？原来是《三国志评话》的作者把关羽挑袍的地点许都误认为长安了。

罗贯中著《三国演义》时，把《三国志评话》中的"长安"改成了许都，纠正了一个明显的错误，但仍把送行地点写成了"灞陵桥"。及至后来毛宗岗父子点评《三国演义》时，大概发觉这个地名有问题，便删去了"灞陵"二字。后人受早期《三国演义》版本的影响，加之借折柳相送的含意，干脆就把八里桥作为灞陵桥了。

八里桥原先的桥基为元代构件，上部桥体为明、清构件。原桥青石灰砖结构，三孔，通长17米，高2.88米。两侧有八仙支顶、石雕栏板及戏水龙头，每侧8根望柱，望柱上雕有姿态各异的石狮、石猴。桥两侧各嵌石碣一方，一刻"挑袍图"，传为吴道子遗墨；一刻"辞曹书"，为清康熙年间许州吏目、书法家滕之瑚所书。

有感于这古地、古事、古风，清乾隆许州知州甄汝舟临桥怀古，赋诗赞曰："野水洄堤浸柳条，道旁残碣记前朝。长髯勒马横刀处，万古英风八里桥。"

如今古老的千古名桥不存，1959年夏天被洪水冲毁，后修一座水泥桥替代。1993年，又重新修建了一座仿汉观赏桥。

如今修建一新的八里桥（灞陵桥），是参照新野县博物馆收藏的一方东汉墓葬画像石上浮雕《泗水捞鼎》图中的桥梁模式设计的石拱桥。一桥飞架东西，全长121米，主跨57米，宽6.2米。单拱双柱，柱承铲斗，支顶拱体。青石栏板上浮雕着148幅仿汉画像的历史典故、神话故事和天象民俗及农桑狩猎之事。

桥头处石碑林立，最为残旧的一块出自明末名将左良玉（曾与李自成等作战，明亡后致力抗清复明），上书"汉关帝挑袍处"，笔触苍劲，可惜已断成数块，字迹模糊。

明嘉靖年间刻立的“关王辞曹操之图”，上部镌刻了一篇《关羽辞曹丞相书》。清朝康乾盛世所立的四通碑文，将关羽辞曹的场景当做历史记述。

如今，桥头又竖起了一座关公提刀立马的巨大石雕，成为当地影楼拍摄婚纱照必不可少的背景。

戏剧中的关公形象

中国传统戏曲中关羽的角色，以野史、民间传说和《三国演义》的描写为依据而创作，戏剧中的关公形象基本与传说和小说中的形象一样。

在舞台上，关公的形象都是完美的英雄，面如重枣，长髯飘拂，气概威武，其脸谱为红脸，表示忠勇，“红脸忠勇”之说法即由关羽脸谱而来。

关羽为丹凤眼，双眼俊秀，加上有“美髯公”之称，所以演员在上演关羽戏时都会加上专用的大髯口，称为“五绺”或“关公髯”。

戏剧中关公形象是手执青龙偃月刀和红马鞭，头戴专用的绿色头盔，缀黄绒球配后兜，两耳垂白飘带和黄丝穗，着绿蟒。

后人为表示对关羽的尊敬，会特意在其脸谱上加一黑点，或加一条金线，称作“破脸”，代表不敢完全模仿他。

在戏剧造型中，关公亮相姿势最多，多达有48种之多，称为“关公48图”。

关公戏造型·蔚县剪纸

关公戏造型·蔚县剪纸

在舞台上，关

公的形象都是完美的英雄。即使是在《走麦城》的败局里，他也照样英雄本色有增无减，可谓是“生当作人杰，死亦为鬼雄”。所以，戏剧中关公的形象都是典型的高、大、全形象。

关公戏的清规戒律

清代三国戏《让成都》·红船口年画

古代上演关公戏曲有很多清规戒律，虽然有许多是不成文的规矩，但演员必须遵循。

如扮演关羽的演员在演出前10天要斋戒独宿，熏沐净身；出场前要给关帝像烧香叩头，在后台杀鸡祭圣；红脸谱上要画一金线，称作“破脸”，不如此演出就会出事故；演员要在盔头或者前胸挂有关帝像的黄表附，演出结束要用此纸拭脸，并拿到关帝像前焚化，以示感谢关帝的庇护等。

清代三国戏《回荆州》·红船口年画

在演出“关公戏”时，不同剧种还有许多不同的清规和讲究。比如蒲州梆子演“关公戏”，每届开场关羽登台亮相时，戏班的拉场要在出将口燃一张黄裱纸，表示祈愿、吉利，希望演出顺利和成功。而关羽登场演出时，演员总要闭着眼睛，据说关公只要一睁眼就要杀人。

清代三国戏《连环计》·红船口年画

不同剧种有不同讲究，但有一些讲究是大家都要遵循的。如扮演关羽的演员除了要沐浴，还要焚香、放爆竹等，演出时演员要在盔头或者前胸挂护身符(即有关帝圣像的黄表附)，演出结束要用此纸拭脸，并拿到关帝像前焚化，以示感谢关帝的庇护等，显得恭敬而神圣。

关公戏造型·蔚县剪纸

尤其在演《走麦城》时，更是搞得阴森怕人，台上台下皆烧檀香、点蜡烛，满场烟雾弥漫，好像摆道场求仙一般。据说如果违犯禁律，关帝就会显灵，演员要出事故，戏园要出乱子。

清廷皇宫演戏时，每临关公出场，帝、后、妃都得离座走几步，然后才能坐下看戏。一些有损于关帝形象的剧目，如《斩熊虎》、《怒斩关平》、《关公辞曹》(剧情是曹操的女儿一心追求关羽，遭羽拒绝后竟在其面前自杀身亡)，宫庭及京城的著名戏园皆禁止上演。

直到今天，戏剧界演关羽的演员也有不少禁忌，如演员上了妆后，不可大笑，也不可有邪淫之念，其他人看到上妆后的关羽也不能举动失仪。

种种讲究和规矩，长期沿袭，剧团、演员都自觉地、虔诚地恪守沿袭，不敢破规，这从另一个角度说明了关公崇拜的影响。

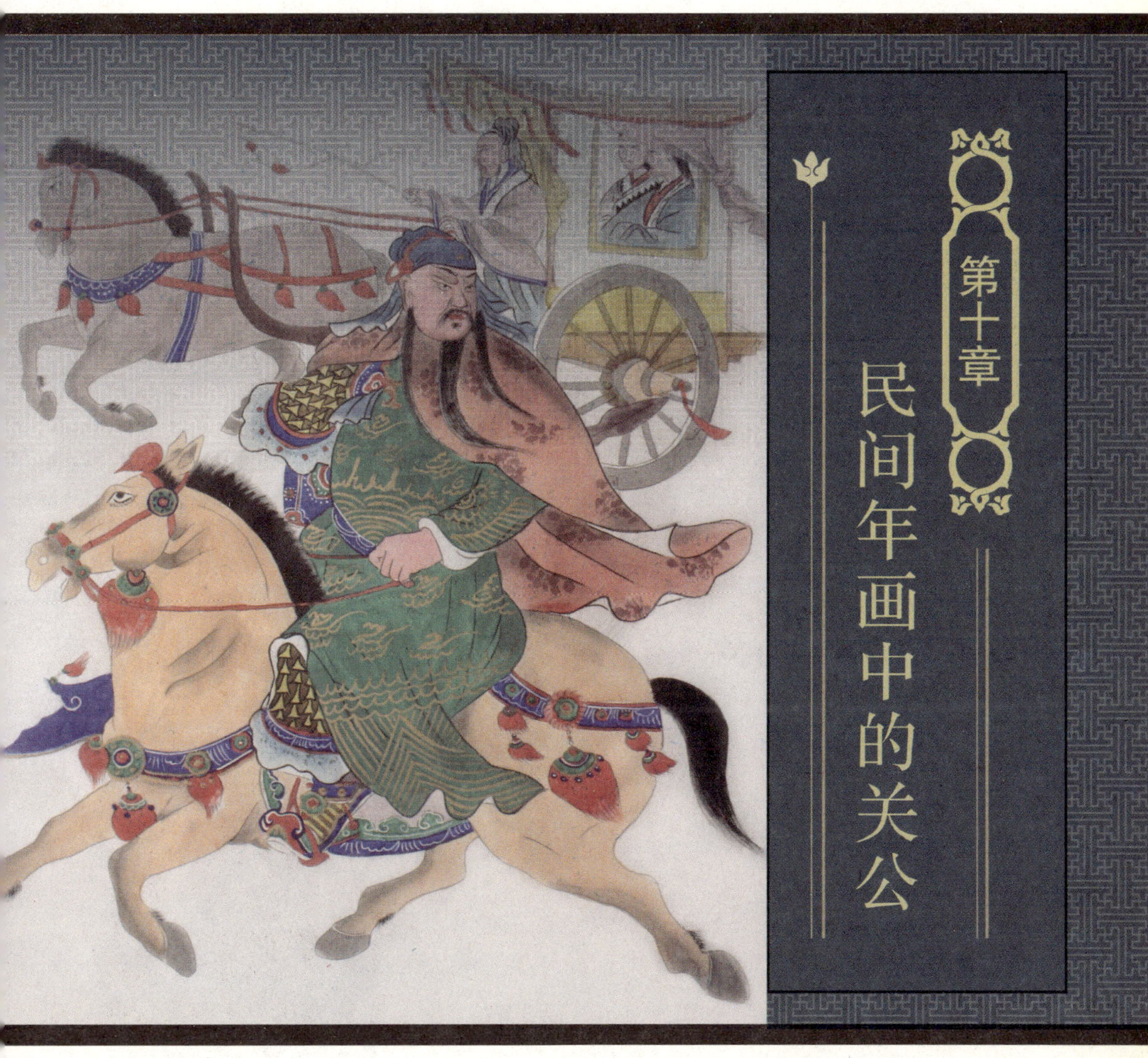

第十章 民间年画中的关公

关公年画是关公绘画之一种，也是国画、版画、道教画等各类绘画样式中最多的一种，几乎各个年画产地都出产过关公年画。

关公在年画中的出镜率也相当高，所有年画中，关公年画仅仅次于灶神年画和秦琼敬德门神画在年画中的出镜率。

关公年画的贴用位置也最为广泛，与灶神年画仅仅贴于灶台不同，也与秦琼敬德仅仅贴于门上不同，关公年画可贴门上，可挂于大堂，可贴于山墙，可贴于炕围，是可以贴于除闺房门之外几乎任何地方的年画，这在民间年画中是独一无二的。

年画中的美须髯

夜读《春秋》·漳州年画

最早的关公形象见之绘画起于何时，无文献可考。元代的三国志平话共插图70幅，有关关公的图画竟多达20幅。可见，在元代和此前，关公的绘画就已经十分丰富。

现在我们见到的关公年画中的形象多为美须髯，美须髯和大刀成为关公形象的标志。美须髯形象有根有据，是根据典籍记载而来的。

陈寿在《三国志·关羽传》中称其“美须髯”，而到明初罗贯中编著《三国演义》时，关羽的形象则被说成是“丹凤眼，卧蚕眉，面如重枣，身长九尺五寸，髯长一尺八寸”。

从西晋到《三国演义》成书的明嘉靖年间，经历长达1200余年，关羽的地位亦由一名东汉武将演化成受官民崇拜的神人、圣人，其艺术形象(包括绘画、雕塑及戏剧形象)亦经历了一个逐步完善、定形的过程。

义勇关公·高密年画

据《解梁关帝志·图像》载，方正学撰海宁关庙词，称关羽“虬髯虎眉面赤”；商辂撰成都关庙碑，称“帝修髯如戟”；李东阳拟古乐府则谓“帝髯如虬，眼如炬”；翁大立撰余姚关庙碑说：“帝凤目虬髯”。虬髯，即蜷曲的胡须，特指颊须。长着这样胡须的人一般好武勇，善骑射。

以上几处对关羽面部形象的描述皆提到胡须，这与《三国志》中的描述是一致的，因而这便成了绘画艺术家塑造关羽形象必须把握的一个特点。虎眉凤目与虬髯相配，就成了画师们创作关羽面部形象的基本要素。

同书还有这样两条记载：“都城旧有帝像，言先朝从大内出者，其面色正赤，面有七痣，鼻准二痣尤大，须髯则稀疏而满腹，非五缕也。”“世传关夫子像甚多，今阅解庙石刻为五十三岁真容，与果亲王所绘大略相仿，雄伟壮雅。”看来，关羽面部有痣，其身材雄伟庄重，亦是画师们创作关羽形象时要把握的重要特征。

在漳州年画、高密年画、桃花坞年画等地年画中，都有《夜读〈春秋〉》年画，画面上关公美须飘拂下垂，关公一手持书，一手抚髯，突出表现了关公虬髯虎眉面赤的美须髯形象。

门神关公

年画中的关公多作为门神，与现实中的寺庙和门建筑中关帝作为门神，有深厚的渊源关系。

明清城门往往立关将军庙。此庙同当时各地遍设的关帝庙在“立意”上是有区别的——关羽之“关”，取诸城关，于此建庙，起到以关公作为门神的作用。

北京正阳门下就设关庙。明代《长安客话》：“正阳门庙者，把汉前将军关侯。侯庙把遍天下，而称正阳门者，为都城作也。”

根据清李调元《新搜神记》的材料，在明朝尚未迁都北京时，洪武年间已在正阳门的瓮城内建立关羽庙。清代《柳南续笔》也记，“京师前门有汉前将军庙，颇著灵显。前明大司马杨博过之，必投一‘乡晚生’名刺”。

门神关公 · 潍头年画

门神关公 · 潍头年画

“乡晚生”何意？那杨博是蒲州人，在同关公攀同乡呢。

清代戴璐《藤阴杂记》载录一段关于前门关庙的传闻：

天启时宫中塑关圣像二尊，一大一小。有卜者推算小者福寿绵长，香火百倍；大者不及。熹宗遂以小者弃置正阳门右侧小庙，而供大像于后宫，增其祭品，以穷日者之言。未见闯贼入宫，毁像，而前门香火极盛。

明代末期皇宫里塑了一大一小两个关圣像，占候卜筮的人推断小像的命运好。天启皇帝不信此言，故意冷落小像，将其弃置于正阳门的关庙里，宫中只供大像。结果小像反倒真的“福寿绵长”，长久地安享香火。供奉于宫里的大像，在李自成进宫时，被毁掉了。这条史料，从一个侧面反映了古时城门关帝庙香火繁盛的情况。

正阳门关庙不单是守门者的庙。清代《道咸以来朝野杂记》记载，当年每逢正月“初一日，正阳门前关帝庙香火最盛，自五更即有香客前往烧香求福者，抵暮不绝”。

清代《竹叶杂记》中的一段故事讲，京城外有一蟒精曾对人说，其只能进外城，进不得内城，原因是“正阳门有关圣守之，各门皆有神”。所以，有关帝守门，连蟒精都害怕，何况人乎！

《扬州画舫录》记载，清代扬州，“南门关帝庙在子城内，有周将军灵异最著”。关羽被尊为神而称“帝”，关平、周仓也被塑为将军像。周仓的显灵据传是降伏了狐妖。大约此等小事不必惊动关帝，求周将军出马即可手到擒来了。可见关帝之余威。

关公·佛山年画

关公·佛山年画

关公门神年画题材种类繁多，从姿态上分，有立式门神、坐式门神、马上门神等。从内容分，有武财神门神、驱魔门神、读《春秋》门神、观音门神等。

在关公年画中，除了门神年画，还有中堂年画、拂尘纸年画、灯方年画、戏剧年画等。

历史上，关公戏剧年画在关公年画中占了一定比例，在这些表现关公的戏曲年画，关公的形象面如重枣，长髯飘拂，气概威武。但如今这些戏剧年画流传下来的极少，而以至今人们仍在贴用的关公门神年画为最多。

第十一章 关公被神化的过程

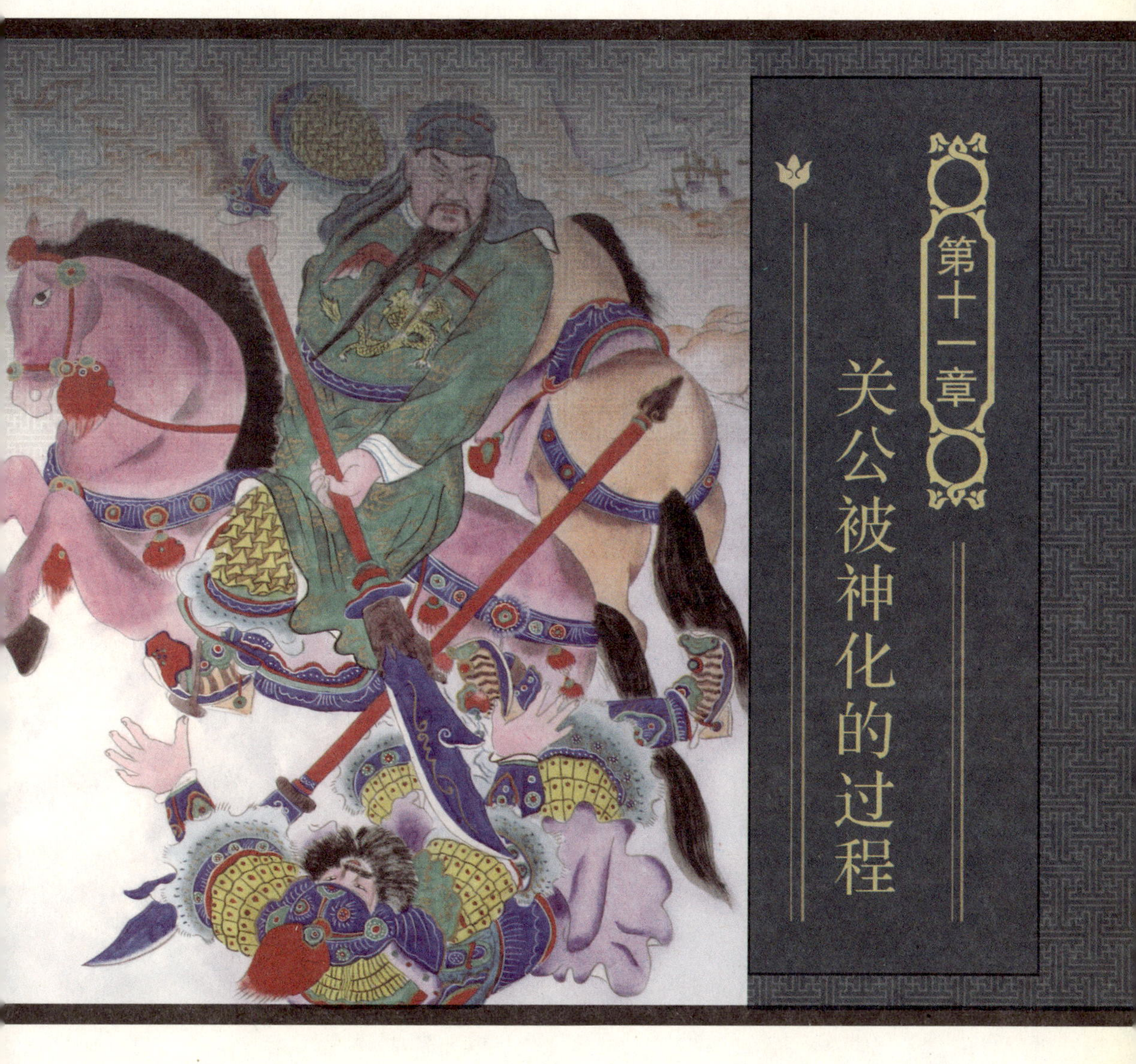

关公在中国文化史上具有至尊至圣的地位，他生前一定没有想到自己死后会声名鹊起。在他去世百年后，其封号就不断升级，被后人一代一代推到了空前崇高的地位。顾炎武《日知录》说“关壮缪之词至遍天下，封为帝君”，集人君、天帝、神、圣于一身的关公形象，被抬举到了最高地位，成为中国一个家喻户晓、妇孺皆知的人物。至今，关公崇拜不仅遍及神州，而且遍及全球。

关公是以忠贞、守义、勇猛和武艺高强称著于世。历代封建统治者都需要这样的典型人物来作为维护其统治的守护神，因而无比地夸张、渲染其忠、义、勇、武的品格操守，希望有更多的文臣武将能像关公那样尽忠义于君王，献勇武于社稷。关公赢得生前身后人们对他的敬爱，尤其当他大义归天后，人们为了表现对他的崇敬与思念，先敬牌位，渐升为拜画像，再盖庙，直接影响了宗教及宫廷。

关公崇拜超过孔子

绵延五千余年的中华民族古代文明社会，英才辈出，灿若繁星。然而，在中国古代层出不穷的名人之中，被后世戴上炫目光环并尊之为“圣人”者，却仅有二人，他们就是被民间尊称为“文圣”的孔子和“武圣”的关公。

孔子诞生于公元前551年，他创立了以礼和仁为核心的儒家学说。孔子的思想，不仅构成了维系两千余年中国封建等级社会的理论基础，而且也成了中国漫长封建社会伦理道德的基本行为规范和主要思维原则，影响不可谓不小。

作为三国名将的关公，尽管在中国古代思想史上毫无建树，可是谁也不曾想到，在宋元明清社会中，对“武圣”关公崇拜的虔诚和普及，甚至超过了被人们盛赞为“千古一圣”的孔子。

据有关资料记载，关帝崇拜和关帝信仰涉及各行各业。“县县有文庙，村村有武庙”，这是在中国封建社会后期中，社会各界普遍祭拜孔子和关公的真实反映。

有的学者说，南北朝至唐朝是关帝信仰的形成期，宋元是发展期，明朝是盛行期，清朝是鼎盛期。其影响可与尊孔相比，毫不逊色。

早在明朝，大文豪徐渭在《蜀汉关后祠祀记》之中说：“蜀汉前将军关侯之神，与吾孔子之道并行于天下。然祠孔子者郡县而已，而侯则居九州之广，上自都城，下至墟落，虽烟火数家，亦靡不醵金构祠，肖像以临球马弓刀，穷其力之所办。而其醵也，虽妇女儿童，有欢忻踊跃，唯恐或后。以比于此事孔子者殆若过之。噫，亦盛矣!”

协天大帝·平度年画

清代中叶，仅京城之内，拜祀关公的庙宇，便多达116座，如再加京畿郊县，关庙总数竟在200座以上，远远超过了京城当时所拥有的孔庙。

有人概算，如按每县设一座孔庙，清代全国的孔庙也不过3000余座，而每村建一座武庙，那么清代全国的关公庙宇竟达30余万座。关公庙数竟是孔子庙数的100倍。

小说诗歌造神

关公·潍头年画

关公·潍头年画

为何关公的影响超过孔子？这与小说、诗歌、戏剧等文学艺术作品大力造神有关。

或许是因为这些诗人、作家和艺术家都是文人，是手无缚鸡之力的一介书生，对于文圣孔子他们觉得不足为奇，而对于武功高强的关公，则自叹不如，仰慕不已，所以他们宁愿歌颂一介武夫，也不愿拜倒在文圣脚下。

从关公遇难去世后的三国时代，到两晋南北朝这一历史阶段，尽管已有关公的故事在民间流传，但在见诸文字的史料中，对关公的记述却都基本上忠实于历史原貌。

关公原本是人而不是神，西晋朝陈寿著《三国志》中“关羽传”总共950多字，简略记述了关羽的一生功过得失，包括斩颜良、诛文丑、解白马围、守荆州、走麦城等，死后被封为壮缪侯。在陈寿所撰《三国志》等史书中，关公是英雄，是义士，但还不是圣人和神人。

六朝笔记小说上也出现了不少以三国人和事为描写对象的故事，如晋人裴启的《裴子语林》、南朝梁代殷云的《小说》等，一人一事，三言两语而人物形象毕现。

唐人郎君胄咏关公诗，既赞其人“义勇冠今昔”，“一剑万人敌”，又叹其魂“流落荆巫间，徘徊故乡客”，虽然赞颂了关公生前义勇无敌，但又对关公魂滞他乡、欲归不能，给予深深的感叹和同情。关公在此诗中也远不是至圣、至高的神。

到唐代，话本流行，三国人物传说更为兴盛，唐诗中也多有吟咏，李白、杜甫、杜牧等多借此发思古之悠情。

到了唐朝晚期，关公庙才逐渐增加，文人墨客在诗文或碑帖中常提及关公，并开始出现在家中悬挂关公神像的情况。

进入中国封建社会后期的宋元两代，是关公被美化、圣化和神化的真实开端。

元代至治（英宗年号，1321—1323）年间，在宋代流传关公故事的基础上，出现了《新全相三国志平话》，从《桃园结义》始到《秋风五丈原》，到刘渊灭晋为止，上图下文，其中张飞几乎是贯穿全书的人物，赵云、关羽等仅具雏形，关、张还带有草莽英雄的色彩。

元末明初，罗贯中根据民间传说创作的不朽名著《三国演义》问世后，关羽更成为妇孺皆知的英雄和神奇的人物。

生活于元末明初的小说家罗贯中，在他的名著《三国演义》中，不仅吸收、采用了宋元时代美化、圣化和神化关公的大量故事，而且根据自己的政治理想、道德观念以及当时的社会思潮，进行了大胆而大量的艺术想象和艺术虚构，史传上没有的记载，经过文艺性的描述，更加生动感人，如关羽的几次显圣，描写十分生动，最终把关公塑造成了“忠”、“义”、“信”、“勇”集于一身的完人、圣人和神人。

自此，关公“至忠”、“至义”、“至信”、“至勇”的形象，随着《三国演义》小说的广泛传播，关公成了“古今名将第一奇人”。

鲁迅也说，在《三国演义》中，“惟于关公，特多好语，义勇之概，时时如见矣”。

民间传说造神

关公被奉为神，主要还是来自民间传说。在关公逝世后，关公故事就开始在民间流传，这些故事具有明显的褒关公、颂忠义的感情倾向。民间口承文学是有效传播关公故事的主要途径，这对关公的神化起着不可忽视的催化

关公·佛山年画墨线版

关公·漳州年画墨线版

作用。

当时，关公的封号，是在他去世51年之后，才由蜀汉后主追赐为“壮缪侯”这一封号的地位，并不显赫。

就是因为这些民间传说，将关公神化，从而不断走向神坛。三国后不久的魏晋时期，已经流传不少三国人物的故事。

隋朝初，山西解州已创立具有纪念性质的关羽祠堂。这对广大民众来说，寄托有所依，祈愿有所诉，是直接产生关公神话的口承文学基础。

出现大量神化关公的故事是在隋朝。隋唐之际，从印度辗转传入中国的佛教逐渐进入兴盛阶段，并与中国本土文化融合，形成了浸透着中国文化的中国佛教。于是，天台宗作为中国佛教的一个教派，捷足先登，率先将关公拉入佛门，封之为守护佛法的伽蓝神。

在民间，关公故事多传奇，后世有关关羽的传说附会也很多，而且大多是褒奖有加。可能由于魏晋南北朝时玄学和神仙道化流行的影响，三国人物开始被注进了“神气”，其中最具代表性的是诸葛亮，有说法认为诸葛亮已近“妖”。

隋代传说有人在玉泉寺看见过关公显圣的灵迹。不过，就隋唐社会的绝大部分民众而言，关公也还不是圣人和神人。三国故事在唐代虽已有较为广泛的流传，但在晚唐诗人李商隐“或谑张飞胡，或笑邓艾吃”的诗句中，可以看出当时三国故事的主角，是张飞等人，而非关公。

民间传说造神，关公故事的演变过程，就是关公被神话的过程。

宋代，三国故事已从“讲史”中分离出来，出现了专门从事“说三国”的专家。《东京梦华录》卷五《京瓦伎艺》条说：“……霍四究，说三分。”记述了北宋开封之实。

到宋仁宗朝，民间不仅说故事，为使表演更加生动，还用皮影一类的进行配合，有理有趣，人物形象栩栩如生。苏东坡的《东坡志林》、罗烨的《醉翁谈词》中都有具体描述。

立刀门神 · 绵竹年画

文武财神(上关下财) · 聊城年画

在宋代盛行的“说话”艺术和“弄影戏”艺术中，关公开始从当时“说三分”所讲述的众多三国人物中逐渐脱颖而出。宋人张来在《明道杂志》中记载，当时人们在看到“斩关公”之际，都“辄为之泣下”。

关公故事的传播，离不开广大民众的参与，也与民间敬慕关公忠义仁勇的传统心态合拍。当然，这些故事是在相关史实的基础上产生的，是民间口承文学对史实的通俗叙述和倾向性创作。

民间传说的故事化和价值观更贴近民众的现实生活，如温酒斩华雄、立战功回报曹操厚遇、封赏赐辞曹归汉、华容道义释曹操、千里走单骑、单刀赴会等，都是符合广大民众心理的，因此很容易受到民众的喜爱。

宋人郑咸评论道：“爵禄富贵，人之所甚欲也。关羽视万钟一芥之轻，比千乘于匹夫之贱者，岂有他哉？忠尽而义胜耳。”郑咸之论，说明了民间关公传说故事之所以在当时社会教化中被神化，有着深刻的民间心理基础。

文武财神(上关下财)·武强年画
墨线版

当时曾有说书者说唱三国故事，两板一胡，叭叭嗒嗒，说唱夹杂，被村人围得水泄不通，往往深夜方散。这种民间传说中，尊刘反曹倾向明显，也加入了许多对人物的虚构，关公的艺术形象也在其中日益丰满。

他的“玉泉山显圣”、“扼死吕蒙”、首级开口张目等情节，应该是流传过程中为增强故事的吸引力而逐渐加入的。

此外，还有关羽帮民间消灾的一些传说，宋代《老圃丛谈》转引自《小说技谈》中，关羽被招来平定一个叫蚩尤的人的叛乱，传说已经变为神话了。

关公的传说故事很多，主要有桃园三结义、温酒斩华雄、劈颜良诛文丑、过五关斩六将、单刀赴会、三江口保驾、义释黄忠、千里走单骑、败走麦城等故事，在古代就被编成戏曲、话本，有的在现代电影、电视剧、连环画中出现。

特别是通过年画和民间美术的传播，关公的形象栩栩如生，其故事以各种不同的文艺形式广为传播而深入人心。

义勇武安王

关公传说故事的类别

有关关公的传说故事有很多，从关公降世，到关公之死，甚至他死后，都有很多故事。这些故事按类别分，可以分为如下几类。

关公降世的故事：关云长姓洪、火文星关爷、火龙星下凡、火龙下凡、黄龙转世、午时三刻生关羽、雨仙转世、天神有羽无关不过、天上落下个娃儿等。

桃园结义的故事：涿州桃园三结义、一龙分两虎、八步传说、刘备计服关张等。

忠义大将军的故事：点将台、铜铃冈、掷甲山、孔明桥、棋盘坟、上马金下马银、水淹七军、关公斩蔡阳、画竹明志、智点曹兵、关公辞曹、关公二访蒋干、关公李等。

关公与周仓的故事：关羽和周仓、关羽收周仓、关公智服周仓、周仓给关羽扛大刀、巧施及时雨等。

关帝庙的传说：关帝庙的传说、倒坐关帝庙、没山门的关帝庙、沈阳护国关帝庙、莱州每村都有关帝庙、白脸关公、白脸关帝庙、关公夫人的塑像等。

关公的青龙刀与赤兔马的传说：关公卖马、红关帝庙和赤兔马、青龙偃月刀、关公的青龙剑、关公换刀、青龙偃月刀与断头冢、赤兔马与马跑泉、青龙与白虎、关公勒马望鱼池、马山和菱湖、关帝庙泥马传说等。

红脸关公的故事：关公的须与脸、关公为什么是红脸、观音庙内关羽改容、关公巧得重枣脸、投宿吃煞神等。

关公风物传说：关羽借雨、磨刀溪和破石口、雨节的传说、关公斩太阳、关公生日点灯、三刀石、关公的脚印、关羽磨刀的传说、磨刀伏蛇精、龙潭传说等。

协天大帝·朱仙镇年画

协天大帝·朱仙镇年画

不仅汉族，在一些少数民族也有很多有关关公的传说故事，如苗族有火德星君关羽的传说，满族有关帝庙由来的传说故事等。

关公神化的政治基础

传说故事是神化关公的民间基础，而加强了这种民间基础的，是政治支持。关公被神话有深厚的政治基础，与历代皇帝谥封是分不开的。

关公生前除曹操奏请汉献帝封其为汉寿亭侯外，正式官职为襄阳太守、都督荆州事务。刘备封赐的爵位先为荡寇将军，后为前将军，列蜀汉“五虎上将”之首。在其殁后的第41年，即三国蜀景耀三年(260年，正好是其诞辰100周年)，后主刘禅追谥为壮穆侯。

给关羽加爵封王始于宋代。崇尚道教的宋真宗，曾编造出一个请关公到解州盐池，大战蚩尤而除妖祛灾的神话。至此，关公又被道教请入了自己的门槛。宋朝的最高统治者将关公封为“显灵王”、“壮穆义勇王”、“英济王”等。

到宋徽宗，竟在短短的21年之中，连续四次对关公加封，徽宗赵佶于崇宁元年(1102年)追封关羽为“忠惠公”，使关羽由侯爵进为公爵。事隔一年，又于崇宁三年进封关羽为“崇宁真君”；大观二年(1108年)再封关羽为“昭烈武安王”；宣和五年(1123年)又封关羽为“义勇武安王”。在短短的21年内，赵佶封关羽由侯进公，由公进君，由君进王，名声为此大振。

南宋第一个皇帝赵构也宣称关羽能“肆摧奸宄之锋，大救黎元之溺”，于建炎二年(1128年)加封羽为“壮缪义勇武安王”，其子赵更称关羽“生立大节与天地以并传，投为神明亘古今而不朽”，“名著史册，功存生民”，于淳熙十四年(1187年)加封关羽为“壮缪义勇武安英济王”。

宋亡之后由蒙古族入主中原，建立元朝。为认同中原文化，笼络中原民众，元朝最高统治者也对关公大加追封。元文宗图帖睦尔于天历元年(1328年)在南宋给关羽

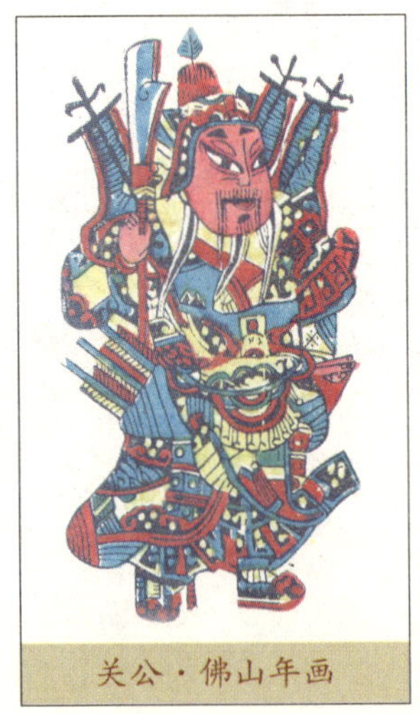
关公·佛山年画

关公·佛山年画

的封号上去掉“壮缪”，改为“显灵”，全称为“显灵义勇武安英济王”。

由于关公的忠、勇、义符合民间的心理，也符合封建统治者的政治需要，因而各代帝王也参与其中，不断对关公加冠进爵。明清两代，是将关公圣化、神化到极致的时期。

封关羽为帝始于明代。朱元璋死后，由太子朱允继位，年号“建文”。

明代建文三年(1399年)朱棣发动武装政变，以“清君侧”为名攻克南京，夺得皇位。朱棣说他的行动得到关羽显灵保佑，由他当皇帝乃是“天意”。

皇帝说关羽是神，各级官吏和黎民百姓亦都把关羽当神来敬。到了明朝中后期的正德四年(1509年)，朝廷下令将全国的关庙一律改称“忠武庙”。

据《山西通志》记载，明神宗朱翊钧在万历十年（1582年），将关公褒封为“协天大帝”。到此，关公被历代封建王朝所加封的世俗官位，达到了无可复加的地步。在中国两千余年的漫长封建社会中，被封为“大帝”者，仅有关公一人。

据《解县志》对关羽封帝的记载，万历十八年(1590年)，封关羽为“协天护国忠义帝”。

明万历二十二年(1594年)，应道士张通元的请求，神宗进封关羽为帝，关庙的称谓亦由“忠武”改为“英烈”。

明万历四十二年(1614年)十月，朱翊钧封羽为“三界伏魔大神威远震天尊关圣帝君”。

天地全神（关圣在第二排右四，千手观音旁，太上老君下，文昌帝君前）·武强年画

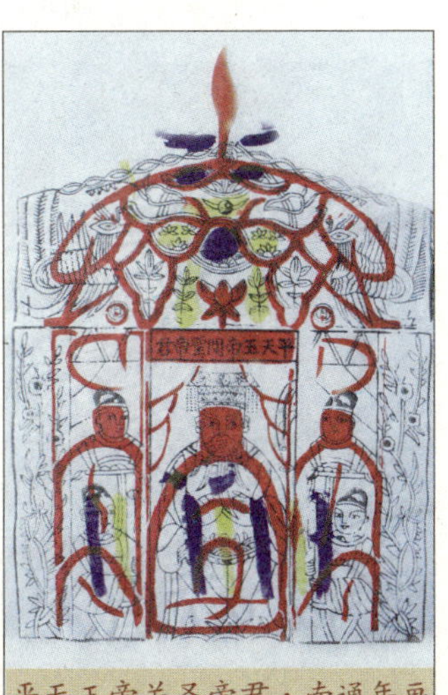
平天玉帝关圣帝君·南通年画

这位死了1000多年的三国名将的封谥，终于由侯、公、真君、王，至此登基为“帝”了。

明清两代的皇帝，对关公的加封有增无减，一浪更比一浪高。

神化关公清代达鼎盛

关公神化在清代达到鼎盛。清代统治者极为崇信关羽，入关前世祖福临与蒙古族诸汗结拜兄弟，声言“亦如关羽之与刘备，服事唯谨也”。

据说是因为清统治阶级认为自己能入主中原是得到了关公的神佑，所以，顺治皇帝在入关后的顺治元年(1644年)，即封关羽为“忠义神武关圣大帝”。

圣祖玄烨于康熙四十二年(1703年)西巡途经解州时，拜谒关帝庙，亲书“义炳乾坤”匾额。

世宗胤祯于雍正四年(1726年)追封关羽的远祖、祖父、父亲为公爵。

乾隆之后，历嘉庆、道光二朝，王朝对关羽的加封在清代达到极盛。

文宗奕宁于咸丰五年(1855年)，追封关羽的远祖为“光昭王”，祖父为“裕昌王”，父亲为“成忠王”。

清德宗光绪皇帝对关羽的封号最长：“忠义神武灵佑仁勇显威护国保民精诚绥靖翊赞宣德关圣大帝”，共26个字（一说“仁勇威显护国保民精诚绥靖翊赞宣德忠义神武关圣大帝”，也多达24字）。

关帝星君 · 河南内黄年画

协天大帝 · 河南内丘年画

就这样，自关羽以上四世，三王一帝，显耀烜赫，连清室的皇宫里也供起了关羽的神位。

各朝皇帝都以关羽为忠义的化身，作为教育忠君爱国信念的典型和模范人物，造成了“侯而王，王而帝，帝而圣，圣而天”的过程。

根据有关资料，这里特将历代皇帝谥封整理如下。

朝代	皇帝	时间	封号
北宋	宋徽宗	崇宁元年（1102年）	忠惠公
北宋	宋徽宗	崇宁三年（1104年）	崇宁真君
北宋	宋徽宗	大观二年（1107年）	武安王
北宋	宋徽宗	宣和五年（1123年）	义勇武安王
南宋	宋高宗	建炎二年（1128年）	壮缪义勇武安王
南宋	宋孝宗	淳熙十四年（1187年）	壮缪义勇武安英济王
元	泰定帝	天历八年（1335年）	显灵义勇武安英济王
明	明神宗	万历四十二年（1613年）	单刀伏魔、神威远镇天尊关圣帝君
明	明思宗	崇祯三年（1630年）	真元显应昭明翼汉天尊
清	清世祖	顺治九年（1652年）	忠义神武关圣大帝
清	清世宗	雍正三年（1725年）	三代公爵、圣曾祖、光昭公、圣祖、裕昌公、圣考、成忠公
清	清高宗	乾隆元年（1736年）	山西关夫子
清	清高宗	乾隆三十一年（1767年）	灵佑二字
清	清仁宗	嘉庆十八年（1813年）	仁勇二字
清	清宣宗	道光八年（1828年）	忠义神武灵佑仁勇威显关圣大帝
清	清文宗	咸丰五年（1855年）	追封关羽的远祖为“光昭王”，祖父为“裕昌王”，父亲为“成忠王”
清	清德宗	光绪年间	忠义神武灵佑仁勇显威护国保民精诚绥靖翊赞宣德关圣大帝

协天大帝·河南内丘年画

协天大帝另一版本·河南内丘年画

协天大帝·河南濮阳年画

天地全神·河南内丘年画

关公从“当时义勇倾三国”的蜀汉名将，到“万古祠堂遍九州”的神化、圣化偶像，是中国封建社会进入后期以来，社会各界对关公不时美化、圣化和神化的结果。从宋元至明清的这一历史进程中，上至高居庙堂的帝王将相，下至终生劳作的庶民百姓，从挥文弄墨的文人学子、舞枪弄剑的草莽义士，到勾栏瓦舍中的说书艺人、梨园演场中的戏子优伶，乃至远避尘世的僧侣道士，几乎都陆陆续续汇入了美化、圣化和神化关公的潮流。

在这一浪高于一浪的关公崇敬浪潮中，从关公身上开掘出来的和被追加到关公身上的美德与美誉，远远超越了历史上实在的关公，在中国封建社会中几乎到达了无人可及而又无以复加的境地。

于是，三国时期的关公，在宋元明清之际，便徐徐地超凡脱俗，青云直上，由一个布满悲壮色彩的人世豪杰，变成了万民礼拜的神圣偶像。

第十二章 关公崇拜的普及

关公崇拜的普及，是经过民间传说和历代统治者的封谥上下交汇造就的，加上戏曲、文学的演义描述，关公以“对国以忠、待人以仁、处事以智、交友以义、作战以勇”，代表着中华民族传统美德的完美形象，受到千年景仰和万民崇拜。

皇室不断给关公加封，关公的封号之多，可以说旷古未有；民间将所有的尊称都堆砌在他头上，可以说千古一圣。最终，关公被后人推举为忠信义勇集于一身的道德楷模，成了中国封建社会后期上至帝王将相，下至士农工商广泛顶礼膜拜的偶像，成为中国封建社会后期最受崇拜的神圣偶像。行走江湖的人拜关公，是因为关公义薄云天；商人拜关公，是因为他做账目有条有理；帝王拜关公，是因为他的忠和义……

万世人杰神中之神

对关公的崇拜和信仰之极致，可以从光绪皇帝给关公的26字封号上看出，“忠义神武灵佑仁勇显威护国保民精诚绥靖翊赞宣德关圣大帝”，采用了如此众多美好的文词，比之历代表彰尤著，几乎将中国封建时代所能找到的用于封号的美好字汇，全部堆砌到了关公头上。

历代封建统治者尊崇关公自不必说，就是李自成、张献忠、洪秀全等农民起义领袖，也把关公奉为膜拜的英雄。

古代民间，关公还是位武财神，是保护商贾之神。又说关帝庙里抽的签最准、最灵验，不少文人吟诗推波助澜。

上观下财·南通年画

上观下财之关公·南通年画

关公还被军人、钱行、典当行、武行、命相等二十多个行业尊奉为本行业的祖师爷。由此可见关帝崇拜的普及。

民国时期有的地方将关公与岳飞合祀于武庙。也可见关公与爱国英雄有同等地位。

不仅如此，除了在华夏大地，在日本、东南亚以及海外华侨中，对关公的膜拜之风也历久不衰。

港台地区也信仰关公。在香港，警察与三合会成员是对立的。三合会早期是一个道教反清的帮会，所以会拜祭道教大神关羽。

香港许多商店都供奉关羽，希望能保佑店铺。香港也建有不少的祠庙供奉关羽，香港荷李活道的文武庙就十分有名。

在拥有两千余万人口的中国台湾，关公信徒多达800万众，几乎各家各户都为关公设香案，立牌位，挂圣像。台湾的关公画像年销售量，远远超过了他们最崇奉的神祇妈祖。

台湾祭祀关羽的庙宇也相当普遍，除了一般武庙、小型宫庙、神坛将其作为主祀外，也有称为恩主公庙的大型关帝庙，其中以行天宫最负盛名。

所谓的“恩主”是鸾堂信仰的名词，也就是“救世主”的意思。台湾所谓的恩主神祇有关羽、吕洞宾、张单、王善、岳飞。而关羽为五恩主之首，所以台湾一般民众亦称关羽为恩主公，也因此顺势称关帝庙为“恩主公庙”。

另外，部分斋教或道教信徒称关羽为“第十八代玉皇大帝”，也就是第十八代的天公，此说又以闽南一带为最盛，而台湾也承袭此说法。

关羽生前绝然不会想到，他身后会得到这样多的荣耀，历代皇帝会给他这样美好、这样崇高的封谥；他更不会想到，他不仅走上了神坛，而且集神教、道教和佛教的尊位于一身，至今受到人们的崇拜。

关公崇拜的演进

福建东山关公庙武圣殿中关公神位上的“万世人极”匾，代表了古人对关公的崇拜和评价

关公信仰文化是我国传统文化的重要一脉，其源头可上溯到南朝末期。

南朝萧梁朝廷内部因武帝萧衍之死而几代互相残杀，梁宣帝因此而咨事于关羽；梁末，权臣王琳也就家国之事诉愿于关羽。这说明南朝时期关羽已演化为安定国家、祈福禳灾的神灵。

南朝陈光大中，智觊禅师于天台宴坐，夜半闻关公“愿舍此地为僧房”语，并约时日。至“指期之夕，万壑震动，风号雷虢，前劈巨岭，后堙澄潭”。由是“鬼助土木而成”，现香界于玉泉，肇关公信仰于始元。关公“舍地建僧坊”的故事出自佛门弟子之手，是迄今所见最早的关公神化的文字记载，时间在公元567年前后。

关公的忠义仁勇在三国时期和东西晋两朝就产生了广泛的社会影响，其榜样化、人格化的故事也随之流传，而流传中的倾向性变化又使得关公的形象更丰满、更富有人格魅力。

成书于两晋时期的《山阳公载记》曰：“马超见先主待之厚，常呼先主字，关羽怒请杀之。”东晋史学家裴松之就此事曾作一番考注，认为这是民间讹传，言不经理。

其实，马超这样称呼刘备，在当时也极有可能是事实。以关羽对刘备的兄弟感情，马超直呼刘备字，关羽认为是对其大哥的不敬，产生激烈的言行也是常情。这则记述中可以看出民间传闻已走向故事化。

关公神话直接为关公崇拜的形成起到了推波助澜的作用。唐贞元时期，裴度节度荆南，及见玉泉寺残毁，便发愿输资建寺，其僚属董侹所撰《贞元重建庙记》载：

“将军姓关名羽，字云长，河东解人，公族公绩，详于国史。先是陈光大中，智觊禅师者至白天台宴坐乔木之下，夜分忽于神遇，云：‘愿舍此地为僧坊，请禅师出山以观其用。’将军当三国之时，负万人敌……生为英贤，殁为神明……至今缁素人寺皆若严宫，在旁无敢亵渎。”

此记载保留了当时关公信仰的事象：唐代民众入寺谒拜关公时毕恭毕敬，因为他“生为英贤，殁为神明”。这当然是传说故事向神化演进的结果。

由此可见，在唐代社会生活中，关公已是广大民众顶礼膜拜的神灵。

为何人们只推崇关公为神，而不推崇刘备和张飞呢？这与关公的忠义勇有关。

宋代有人称赞关公“惜乎忠勇，前后绝伦”，既表现了言者对其忠勇的高度赞扬，也在某种程度上道出了其被人尊崇的根源：惟其绝伦才可能为神。

天地万神朝礼·朱仙镇年画
关帝居第四排左二

元末有诗写道："人杰惟追古解良，士民争拜关云长。桃园一日兄和弟，俎豆千秋帝与王。气扶风雷无匹敌，志垂明月有光芒。至今庙貌盈天下，古木寒鸦几斜阳。"

与忠勇同在者，是关公身上的义。这种义，既有君臣之义，也有患难之中结义兄弟相帮扶的那种义气，民间流传和《三国演义》中更是对其进行了强化。

应该说，关公达到今天的地位，根源在于民间对其忠、勇、义的推崇，帝王是看中了其政治意义而加以推波助澜。

关公实际上已成为忠、义、勇的符号，成为德才兼备的化身，与其说人们崇拜他这个人，不如说人们崇拜其精神更为确切。

关公崇拜的民俗

古代民间流传着很多关公崇拜的民俗，民俗首先表现在节日上。

祭关帝的节日在每年农历的五月十三日。旧俗以农历五月十三日为关圣帝君(关公)诞辰。

天地全神·朱仙镇年画
关帝居第四排正中

每逢五月十三日关帝诞及其他节日，各地都有关帝庙会，向关圣帝君进香祀奉、顶礼膜拜，官府也是如此。《中华全国风俗志·江苏六合》："(五月)十三日乃关帝诞辰，官民祭享，演戏建醮，龙舟游舫如五日。"清许起《珊瑚舌雕谈摘抄》云："关圣帝君，早载祀典，顺治元年诏建庙，岁以五月十三日遣官致祭。雍正三年，令天下郡县，春秋招神以太牢。"又传是日为关公单刀赴会之日、关公磨刀日。

拜关公不仅在节日和诞辰日，而且平时遇到天灾人祸，也要拜求关公解决。

在有些农村，每逢天旱久不下雨，就把关帝爷的塑像搬到村子的十字路口去，让太阳暴晒，据说只要把关帝爷晒透了，身上一出汗，此地非下大雨不可。

有的地方即使有龙王庙，天旱求雨，也拜关公。

各地关公崇拜习俗不胜枚举，这里以关公葬身之地当阳为例重点介绍，可窥一斑以知全豹。

天地全神 · 朱仙镇年画墨线版
关帝居第四排正中

当阳玉泉山是关公最先显圣之地，玉泉山有全国最早的关庙“显烈祠”，当阳城西有全国三大关庙之一的中国关陵。因与关公有特殊的缘分，当阳民间对关公的崇拜千百年来久盛不衰。

传说关公死后最先在玉泉山顶显圣，高呼“还我头来”，遇普净和尚点化皈依佛门，后用神力帮助佛门建起了玉泉寺，因而被佛教称之为伽蓝神和护国明王。

玉泉寺内建有伽蓝殿，供奉关公神像，长年享受香火。

关公同时被道教奉为“三界伏魔大帝”，当阳境内许多寺庙里都供有关公像，是民间的护佑神、财神。

旧时家中大都设有神龛，一般家庭都供有关公神位，有钱有势的人家还出重金从外地请回木雕关公像或者是纸画的关公像，多数是画的关公勒马望荆州的画像，穷家小户买不起关公神像，就用红纸写上“关云长神位”贴于堂上，以保全家安宁。

至今当阳城镇商家仍有供奉关公的习俗，一些装潢考究的店铺、饭店、旅馆，仍将关公作为财神、护佑神供奉，神龛采用光电技术，香烛长明。

民国初年当阳还存有数座小关庙，关陵被称为“大关庙”，庙里长年有祭拜活动。从大年三十开始，大年初一、正月十五，当地百姓都要到关庙去朝香。朝香者到关庙燃放鞭炮，烧黄表纸，上香上供，有的还敬献灯油，一般是上两斤香油。

平常百姓家中有病灾，或者有亲人外出、家中置办大事，都要到关庙去烧香许愿，遂愿者还要到庙里去还愿，还愿者毕躬毕敬，有的进大门就开始磕头。

关帝诞盛况

关帝诞盛况

当阳关姓家族，是关公镇守荆州时的遗属，至今已经64代。关姓大房长子在清代被封为翰林院博士，世代相袭，每年官府主持的重大祭拜仪式都要出面参加。

关家后裔敬祖活动一直沿袭到现在，过年从大年三十到正月初三，早晚都到关公坟前上装一次香，正月初二半夜还要去装一次，正月十五、七月十五盂兰会都要到关公坟上点灯送亮，每年清明节都要到坟上插青。

传说六月二十四是关公生日，庙里也要朝香祭供，为关公祝贺生日。

关陵庙是祭拜关公的重要场所，至民国年间，这里每年要举办两次大型庙会祭拜关公。一次是五月十三“单刀会”，传说这天是关公单刀赴会日；二是中元节庙会。敬香者、各种民间艺人、小商贩云集，热闹非凡。政府官员、社会名流要到场参加祭拜仪式，仪式由四位乡绅主持，一人念祭文，一人司仪，两人负责通报前来祭拜者的头衔。县长(知府、知县)、社会名人，关姓长房代表到关公像前敬香鞠躬。祭文念完，要燃放鞭炮。

仪式结束后，庙里的和尚要念一天经文。中元节时，庙里要祭关公半月，香火不灭，和尚念经半月。

请关公的习俗

如何拜关公和请关公？关公像也有文武之分，拿刀的是军人，行武出身的家庭供奉，而拿书的则是书香门第供奉的。下面是民间流行的清关公像的一些习俗讲究。

请关公像要选吉日，在早上9时至11时请关公像。请关公像时选择金身像最好是要面相丰润，嘴角带笑容，做工精细，没有损坏。

选好之后，要从关公像的底坐拿起，切不可拿住关公像的头部及手部。同时选择香炉，香炉一定要铜制的，铜制的属性为金，为富贵之意义。

如果请道教方面的神，则要上面印有招财进宝字样的香炉。如果要请佛教类的，则要请带佛光普照字样的香炉。香炉的高度绝对不可以高过关公像的丹田处。

再选择一对烛台，烛台上要有两支红灯。烛台要铜制的。

然后选择一块金元宝，在供奉神佛时用之最好。如请三清天尊则要选择三块，请几尊要几块金元宝。

还要选择一对花瓶，高度不能高于关公像的头部。再各选五朵莲花，插入花瓶中。

如果想请道教方面的神仙，则要选择一只上面印有福禄寿三字的酒杯。如果请佛类的金身像，就不需要酒杯了。要选择一对供盘，供盘用于供奉水果等物品。然后，再选择一包好香。

选好这些物品以后，就将关公像用红布或红纸包起来，这样做是为了在没有开光前避免让一些邪气附于神佛之身。

天地全神（下中为关公）・武强年画

将关公像的面朝向外侧，也就是请者本身与关公像的面部是朝向同一个方向的，不可让关公像面对着请者。

要用手捧着关公像，在回家的路上不要与外人谈话，一定要走大道回家，切不可走小道，越快回家越好，以免中途遇见邪气。

供奉关公有讲究

天地全神（下中为关公）·平度年画

供奉关公也有很多讲究。关公像请回家中后，切不可马上供奉，首先要选择一个吉位，具体如何选择吉位，其中方位必须要用罗盘定位才能准确，不可随意测算。

关公像要面冲大门。关公像面冲大门应与大门有七米至九米的距离才可，否则门口邪风太硬。关公像左右方要有墙，所谓左青龙、右白虎。

关公像切不可供奉于面对厕所、厨房、个人卧室、饭桌附近，不可供于经常有吵闹的地方或是背靠厕所的墙。

关公像目光所处的地方不能有尖物，不能有挡住关公像目光的物体，要让关公像目光能看得很远。

选好吉利位置后，关公像供奉的高度也有讲究。关公像底座应与供奉者的头部平齐，所谓举目三尺有神灵就是这个意思。

关公像必须靠于墙上，代表有靠山，一个人如果没有靠着墙，会随风倒，所以供神也是如此。

供奉的时候，关公像、香炉、花瓶、金元宝、供盘、烛台要一应俱全。摆好供奉之后，日常的供果要常换。

供果有柿子(意为招财利市之义)、葡萄、苹果、香蕉、糕点、糖果、佛手、桃、香瓜等，佛教不可以供奉番茄(释加之意)、酒、肉等荤腥的物品。道教方面的不可以供奉李子(太上老君为李老君)。平均每三天换供品。

平时上香应早晚各一炷香，代表一心一意敬奉神灵，没有条件的可早上上一炷香，有重要的事情向神请愿时再上三炷香，三炷香的意思是火急如律令，是求神来帮忙的，所以日常不要上三炷香。

每一周或半个月打扫一下神坛，不可以让神坛以及关公像太脏，我们及我们住的屋子太脏了都不习惯，更何况神佛呢。

供奉关公像还有很多禁忌。

供奉关公像应该与祖先一同供奉，日常供奉神佛时，虽然诚心诚意，但是神佛却认为供奉者虽然对神灵虔诚，但是供奉者的祖先却在阴间受苦受难，供奉神佛没有什么意义。所以说供奉关公像务必要将祖先牌位供奉于关公像下一层，因为供奉者的祖先的等级不可以高于神佛。

供奉者认为，让祖先享受香火，让他们在阴间得以超度，他们有福了，自己就跟着有福了，所以心愿自然而然就能达成了。

供奉关公像时，在每月初一及十五应吃素。供奉关公像禁忌无知之人或旁人在关公像面前说三道四，对此类人应以反驳，维护关公像的尊严。供奉关公像应禁忌在关公像面前有不文明的举动及语言。

供奉关公像应禁忌在关公像下方有鱼缸及水桶，甚至有水的物品都不能放置，关公像下方最好什么也不放。

供奉关公像禁忌手指关公像，特别不能指指点点。

供奉关公像禁忌有双数供奉，关公像总数为单数为佳。

赵公明与关公二位天神不可以在同一室内供奉。

供奉关公像的位置禁止有人在关公像下打麻将、喝酒，以及人员吵闹，供神要有安静的环境，这样神佛才能下降入金身。

天地三界十方真宰（下中为关公）·武强年画

关公信仰的当代延续

东山武圣殿中的“万民景仰”

新中国成立后，随着人们科学文化水平的不断提高，到关庙祭拜关公的活动逐渐稀少，但一些关姓人家逢年过节仍要到庙里祭拜，仪式逐渐简化。

改革开放后，中断了的关公信仰又回到了中国。中国港台和海外华人常有朝拜团到内地关陵和关帝庙朝拜，有的到关公像前磕头许愿，寄托现代人向往平安祥和的愿望。

至今，关公信仰仍在民间继续流传，关公遗址所在地的各地政府文化部门争相举办关公文化节等活动，将祭拜关公的仪式作为文化节的内容之一。

如2008年5月12日(农历四月初八)，山西省运城市解州关帝祖庙举办了当地一项重要民俗活动“关帝巡城”。

柬埔寨马德望怀德古庙中的关公绘画和木雕

2008年9月29至30日，洛阳举办了关林国际朝圣大典和同祀关庙联谊暨关公文化研讨会。

在2008年10月18日，福建省莆田市举办世界关氏宗亲第九届恳亲大会期间，一部系统地汇集各种书刊、绘画、照片、文章、陵庙、本传、谱系、褒典、名迹、艺文等资料的《关公文化资料丛书》举行了首发仪式。

这说明，关公崇拜和关公信仰作为中国传统文化的一部分，已经深深地渗透到了中国人的民俗生活和精神生活中。

关公崇拜在国外

1000多年来，关公信仰不仅影响了我国历史上各个时期，还影响了其他国家和地区，不仅中国人崇拜关公，关公信仰的影响也不仅限于中国，还波及到海外，在海外也有很高的地位。在英国、美国等国家，只要有华人的社区，都必然有人祭祀关羽。在海外，只要提到关公，人们就会想到中国，想到龙的传人。在日本，早在清代就有关帝庙。据小松田直《图解世界史》，在日本也有为数众多的关帝庙，奉关羽为学问与生意之神。当代日本仍然流行对关公的崇拜，前些年还新建了一座关庙，据报道是海外建筑规模最大的关庙。

在美国著名的"西点军校"兵器展览馆里，不仅摆放着现代化战车、战机、原子弹及反导弹系统等先进武器，而且还摆放着关公的青龙偃月刀，这说明美国的军事家们既敬奉关公的威武，又信服中国人的勇猛。

美国前总统里根在竞选总统时，其夫人专程赶到旧金山和洛杉矶的关帝庙，按照中国传统的礼节，向关公烧香磕头，虔诚地向关公祈求保佑竞选成功。

关公立像和马上雕像在柬埔寨大型木雕商场中置于显要位置

在美国夏威夷最繁华的国王大街上，雕塑有关公头像，头像下面刻着"深仁大义"四个大字，便于国民聚集活动、朝拜敬奉。

成立于美国的"刘、关、张、赵龙冈亲义总会"就是一个以崇拜关公为主的民间组织，该组织下设世界各国分会多达140个，遍布华人居住的世界各地。

一位美籍意大利人讲："中国的许多教派都把关公的著作和讲话精神吸收到自己的教义中来，他是一个伟大的教主和战士。在西方，被众多教派共同尊崇的人是没有的。从宗教的角度讲，关先生是一个世界的奇迹。”他还讲：“我们供奉中国关公，是因为他讲义气、讲信用、不欺诈、肯施善、具有同情心。他讲诚信，而我们所从事的各种事情都离不开诚信。诚信、仁义和博爱是我们生意兴隆的根本，我们尊奉关公，就是欣赏他的仗义和诚信。”

泰国普吉岛上观音庙里“协天大帝”的专用神位

在加拿大温哥华华人聚居区，商店、酒店、发廊、诊所、敬老院，甚至股票交易所都摆有关公的神龛和画像，经常能看到人们在神像前双手合十，甚至行大礼。在加拿大多伦多，关公后裔宗亲会组织机构健全，活动内容丰富。2002年在广州举行的世界关氏宗亲第七届恳亲大会上，他们以绝对优势的票数，夺得了世界关氏宗亲第八届恳亲大会的举办权。2005年9月，100多个国家和地区的关氏宗亲在多伦多参加了会议。

泰国普吉岛上观音庙里的“协天大帝”关公神像

在东南亚各国，更是竞相立庙拜求关公。

在越南，人们把关公作为万神之一朝拜，并用关公文化和思想教育国人讲义守法，诚信经商，关公文化成了经济活动中的“生意经”。

在柬埔寨，笔者在北部偏僻小城马德旺的河边，突然发现一座古老的中国建筑，上面写着中文“怀德古庙”，里面供奉的除了“天后圣母”、“福德正神”，还有关公。关公的绘画和雕刻置于显著位置。

天地三界十方真宰（下中为关公）·武强年画

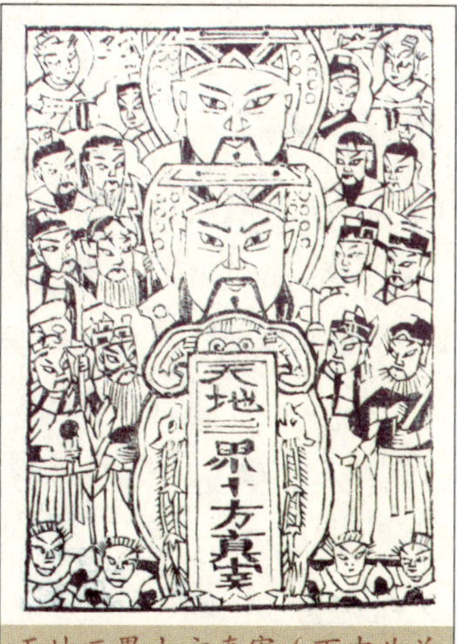

天地三界十方真宰（下中为关公）·武强年画墨线版

东南亚各国拜求关公的，最盛者当数泰国。在泰国法庭开庭之前，全体法官须在关公面前发誓表示公心，随后才进入有关程序。泰国的警察署里也陈列着关公神像，警察们常祭常拜，祈求自己像关公那样威武神勇，又祈求关公佑其平安。

行走在泰国曼谷的大街小巷，商场、店铺和住宅门口，不经意就可以看到关公神像。

即使在泰国偏远的南部普吉岛上，在一座观音庙里，我也看到了数10尊关公的雕像，供在“协天大帝”的专用神位上，供当地人敬拜。

据报道，世界上有168个国家和地区举办有关公崇拜活动。

关公的父母、妻儿、祖先在常平，“关庙之祖”、“武庙之冠”在运城。关公虽然头枕洛阳，身躺当阳，魂归故乡，但海内外“村村建有关帝庙，九州无处不焚香”，关公似乎成了不同地域、不同行业、不同信仰的华人的民族代表，成了炎黄子孙凝聚在一起的纽带。关公信仰和关公文化已经远远地走出家乡，走向了世界。

关公崇拜的积极作用

关公崇拜有积极作用，它让人们都渴望心中有一种信仰，充满对正义、勇敢、尊严和威严的向往，拜这样的男人更有一种安全感，尽管古人们把他给神化了。

天地全神局部（关公居中）·汤阴年画

不同国家，不同阶级，不同社会集团，即使势同水火，也对关公各有所崇。有的利害对峙，而对关公的敬奉却殊途同归。

这种矛盾统一的历史结合点何在？是什么神奇的力量在起着凝聚同化的作用？面对关公“仰之如日月，敬之如神圣”，祭祀庙宇遍及海内外，关庙无处不焚香的景观，这种超国籍、超民族、超信仰、超时代、超汉文化圈的价值趋同现象，激起了人们研究的兴趣。

关公作为道德楷模和道德偶像被不断提升，关公崇拜作为一种道德文化现象被广泛普及，对于中国封建社会后期凝聚力的形成，以及道德意识、道德行为的规范与提升，曾经产生过一定的积极作用。

当宋代社会面临北方少数民族入侵的危难时刻，就多次用关公的“忠”与“勇”来教化臣民。像岳飞那样的忠勇之士，在宋元明清四代社会中，并非少数。

天地全神局部（关公居中）·汤阴年画

北方少数民族统治阶级入主中原，取得全国政权后，又都对关公的“忠”、“义”思想和行为予以褒扬，这在当时在一定程度上促进了中华各民族在思想、文化上的认同和凝聚。

天地全神局部（关公居中）·汤阴年画

对宋明以来新兴的工商阶层而言，他们则从关公身上，汲取了“信”和“义”的道德原则，提出了“以信为本”和“以义制利”的带有浓重中国传统道德色彩的经营原则，遏制了利欲对道德的吞噬。

对于宋元明清时代的文人、士大夫来说，则从关公身上发现了足以使他们效仿的人格和品德，即所谓“无不弃旧从新，乐为之死”，“金银美女，不足以移之”，高官厚禄“不足以动之”，等等。

大刀关胜·剪纸

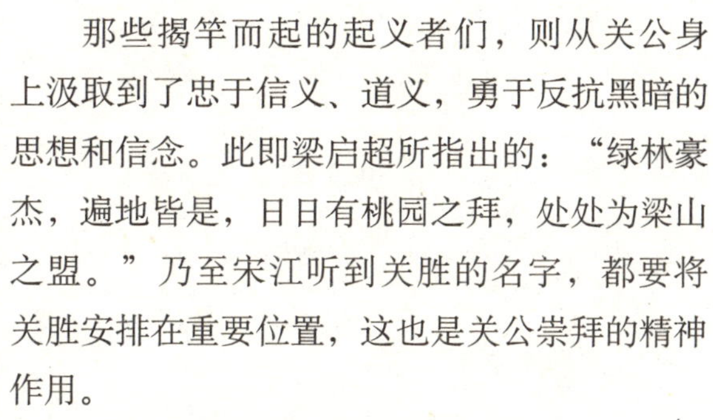

那些揭竿而起的起义者们，则从关公身上汲取到了忠于信义、道义，勇于反抗黑暗的思想和信念。此即梁启超所指出的：“绿林豪杰，遍地皆是，日日有桃园之拜，处处为梁山之盟。”乃至宋江听到关胜的名字，都要将关胜安排在重要位置，这也是关公崇拜的精神作用。

对于一般庶民百姓，亦能通过对关公的崇拜和敬畏，起到一定的教化作用。这一点，元人郝经早已指出：“（关公）所在庙宇，福善祸恶，神威赫然，人咸畏而敬之。”

第十三章 村村都有关帝庙

因小说《三国演义》的广泛传播而家喻户晓的三国人物关羽，是一尊全国性的俗神。各地崇拜关帝的庙宇很多，“县县有文庙，村村有武庙”，正是在中国封建社会后期中，社会各界普遍祭拜孔子和关公的真实反映。

关羽不仅受到儒家的崇祀，同时又受到道家、佛家的膜拜，所以关羽是横贯儒、道、佛三大中国教派的神祇。

有人说，关公是一种文化；也有人说，关公是一种精神。不然，在中国以至海外为何有这样多的关帝庙。

关帝庙的兴起和发展

关帝庙信仰始于南北朝，兴起于宋朝，关庙渐渐发展与普及。元代朝廷虽崇信喇嘛教，但未箝制人民的其他信仰，因此民间对关羽的崇信有增无减，元朝皇帝且曾遣使致祭。明清以降，供奉关羽的庙宇不仅遍布中国内地，且延伸至蒙古、西藏、朝鲜半岛乃至海外。

关公·佛山年画

关公·佛山年画

在中国，供奉文圣孔子的文宣王庙有很多，过去在各个城邑都有这类建筑。而武圣关帝庙数量之多，远远超过了文圣孔庙。

郑州文庙

关公在湖北荆州死后，成为一尊民间“游神”，无固定祭祀他的山堂庙宇。自隋朝起，光大年间(567年)，关羽的第一座灵位立在湖北当阳的玉泉山一座佛教庙宇，便是首座关帝庙。

关羽被称为“帝”的真正发迹是在宋元之后，明清达到鼎盛时期。关羽生前从不敬道，又从未接受过道家修炼，却被道教“收编”了这尊游神，将他归纳到自己的门下，并在天上拨下了一处门庭，供其安身，道教到处为其立庙，接受香火。

郑州文庙大成殿

早在明代，王世贞就惊呼："故前将军汉寿亭侯关公祠庙遍天下，祠庙几与学宫、浮屠等。"

在城市，关帝庙通常建在市中心地段，如泉州关帝庙是泉州城内涂门街的通淮庙，香火最盛。

明末泉州名学者李光缙在《重修关帝庙记》中写道："今天下祠汉寿亭侯者，遍郡国而是。其在吾泉建宫，毋虑百数，独我儒林里中庙（指通淮庙）貌为胜。询之故老，不知创所由始。相沿至今，上自监司守令居是邦者，迨郡荐绅学士，红女婴孺，无不人人奔走，祷靡不应，应靡不神。"

而清代的赵翼，则更加惊叹道："今且南极岭表，北极寒垣，凡儿童妇女，无不震其（关公）威灵者。香火之盛，将与天地同不朽。"

关帝庙不仅是封建统治阶级对关公褒扬喝彩的产物，更是百姓精神生活的需要。统治阶级从封建道德的角度大肆宣扬关公的忠孝节义，使关公信仰在不太长的历史时间里蓬勃发展，主要表现在庙宇增多，达数十万座。

苏州文庙

苏州文庙中的孔子神位

清朝时期全国关帝庙多如牛毛，何止万千，已遍及京城、省会、州治、县城、乡镇，以至于大多农村都建起了关帝庙。

据清乾隆年间(1736—1796)的《京师乾隆地图》所载查知，当时的京城内，专祀和主祀关公的庙宇、殿堂竟达116座，故宫内有4座关庙，后来建成的圆明园中，竟也建有6座关帝庙。

如再加京畿郊县，京城内外的关庙总数竟在200座以上，远远超过了京城当时所拥有的孔庙。今日在老北京城里，可以看到有100多座专供关公或兼供关公的庙宇。

笔者考察过全国无数的关庙和文庙，发现很多关庙的建筑规模远远超过了孔子的文庙。而关帝庙之多与香火之盛，拜祀人员之广泛，殿堂内外熙熙攘攘之热闹，则是中国所有文庙都无法望其项背的。

两庙相比，文庙更显得门前冷落车马稀，如笔者参观过的郑州文庙、漳州文庙、苏州文庙等诸多大型文庙，游客寥寥无几，空旷的文庙内外往往只有我一个游客。

据台湾专门研究宗教的学者张柽介绍：即使经过战争年代，在1945年，抗日战争胜利后，全国有一次专门调查统计，大陆道教庙观总数达4.4万多座，而且不计小山村庙殿数，每庙都有专供或合供、配供关公的。

关帝庙在当代

关帝庙在当代仍是最多的庙宇，和观音寺并驾齐驱，形成了中国两大寺庙。这不奇怪，因为观音信仰也是中国最具群众基础的信仰，所以，早在明清时期的民间年画中，关公和观音就同绘一画之中。

1956年，台湾有过专门登记，总庙宇数量达1.7万余座，至少有1.4万座庙中供祀关公。

行走神州大地，到处都可以看到关帝庙。在河南开封的朱仙镇，大关帝庙历史悠久，和岳飞庙并立一起，成为两大神庙。有趣的是，现在这里作为朱仙镇木版年画社所在地，成为了河南抢救传统年画的大本营。

南岳衡山关帝庙圣帝殿

在关公活动地武汉三镇，有很多供奉关公的庙宇，如武昌的关帝庙，卓刀泉的汉寿亭侯庙，汉口的武圣庙、东关帝庙、西关帝庙，等等。

现存的关帝庙中，南岳衡山圣帝殿气势恢弘，金碧辉煌，是规模较大、装饰精致、香火旺盛的关帝庙。据说，这里许愿很灵验，故而来许愿的和还愿的人络绎不绝。

开封朱仙镇大关帝庙

在国内所有的关庙建筑中，至今保存最为完好的有如下几处：山西关羽故里常平关帝庙、解州关帝庙、河南洛阳关林、湖北当阳关陵、荆州关帝庙、河南许昌灞陵桥关帝庙、河南开封朱仙镇大关帝庙，等等。

而规模最大、气势最为宏伟的，就是位于山西省运城市解州的关帝庙了，它堪称天下第一关庙。当海外华人来到解州关帝庙，面对蔚为壮观的大殿牌坊，许多人竟激动得流下了眼泪："我们终于找到了祖庙，这才是真正的关帝庙啊！"

清代时为关公建的关帝庙、忠义庙遍及天下，但"文化大革命"时期大多遭到毁损，现在各地又在原址上重建关帝庙或做了进一步装饰，有些地区似乎又出现了村村有关庙的盛况。

这些村庄的关帝庙，往往是整齐的三间瓦房，门前廊檐台阶红柱青石，两个大红灯笼高挂。门侧通常有新立的关帝庙重建碑，碑文通常反映民间对其尊崇的原由。如一新立的关帝庙重建碑碑文：

"武圣关羽，字云长，山西解县人，幼年攻读，谙熟春秋史籍，胸阔志远，四海为家。东汉末年，黄巾猖乱群雄四起，遂与刘备、张飞共结患难至交，共谋伟业。其为人厚道，正气凛然，人称文夫子，又谓武圣人。赠袍不受，暂住曹营以待时，单骑千里觅故主，皆其忠心；十二载如一日，夜夜秉烛，事嫂如母，归兄如父，乃其孝道；曹营封金挂印，蚕眉倒竖诛貂蝉，是其节为；华容道义释曹操，桃园结盟誓同生死，归其义气；斩颜良诛文丑，单刀赴会闯五关，谓之勇敢；刮骨疗毒，血流如注，神定自若，观弈不止，堪称刚强；匹马单枪古城会，力竭拖刀斩蔡阳，显其有谋；……世人所敬仰，华夏共楷模……”

关帝庙众多，但关帝庙的设计有类似之处，通常都有牌位，并塑有三座像，中间关公左手持书右手抚髯，端坐沉思，左关平右周仓，均披红挂彩。

关帝庙墙壁上往往画有“桃园结义”、“单刀赴会”、“华容道”、“刮骨疗毒”等典故，门前阶下有两个精致光滑的石香炉。

在农村，关帝庙通常建在平整地方，又是中心地段，所以往往成了村里闲人聚集之所。村民们在这里谈论庄稼，家长里短，也谈隋唐，论三国评关公。

有些村建的关帝庙门平时上锁，过年过节才开。为了安全，香只能插在外边的炉子里，供品则可放在里边的供桌上。

旧时每年农历正月初四日，还有求“公签”，即公推一地方绅士代卜当年地方的大事。今天，信男善女们来关帝庙焚香求签者络绎不绝，求卜内容包括婚姻生育、建房置业、患病求医、出洋谋生、平安运气等。

这表现了关帝庙信仰已经成为传统文化的一部分，尽管可以毁损一时，但不可能彻底消灭，关帝庙在当代的延续就说明了传统文化之根的顽强生命力。

常平关帝庙

传说，关羽为乡亲拍案而起杀除恶霸，后来得曹操表封为侯及厚葬，关羽的故居才真正成了庙堂。

第一座关帝庙最早出现哪里？查阅有关资料，学术界有两种说法，一种说法认为第一座关帝庙在常平关羽的故居，另一种说法认为第一座关帝庙在湖北当阳的玉泉山。

现存的常平关帝庙三祖殿，大约是明末清初时新建。清未入关前，已大行拜关公之礼仪。入关后，顺治即令皇室大兴敬关公之事，康熙皇帝遵祖训，亲自到解州拜关帝，题匾并封庙(1703年)。世祖雍正三年(1725年)，清皇室颁旨，封关公曾祖父为“光昭公”，祖父为“俗昌公”，父亲为“成忠公”。至咸丰年间，又进而为王。而今金身名份为“公”，足见为清初所塑。

殿中，主供像为夏大夫关龙逄，诸方家有异词，但老百姓信其为关羽始祖。此殿前有一柏树，长得特别旺盛，且是斜侧的，向阳面光滑。当地群众说，冬日北方大雪纷飞时，此树不落片雪，因为关帝每年要回来祭祖，从云中下来，如我们今下飞机一样，以此树为“舷梯”，渐下地面，故称云柏。

立刀门神

常平关帝庙充满神奇，“物因人贵，地以人名”。除了桑树、云柏之外，还有鸟柏、虎柏、龙柏等树，也各有一段传说故事。

献殿前的两株大柏树，东一株极像龙，西边的则极像一只下山虎。据说，数十年前，欲修剪此树，以免刮风时扫坏献厦屋顶，众人议论好久，决定锯掉一侧枝，此枝极像下山虎翘起的尾巴，无人敢动手。

后来终于有一人敢动手，用大锯锯此树枝，但奇事出现了：此时树枝中渗出浓浓的红色汁液，酷似鲜血；锯树人心慌，从树上掉下来，后得病而死。如今已过去几十年，那树断枝根部还留有暗红色血迹般遗痕。

献殿西侧有一全裂式巨柏，很像一展翅腾飞的大鸟，故人称鸟柏。传说为明末清初，外地来的风水僧人，看到此柏树很有灵气，决定盗取此树。风水僧人化装为商人，到四下散言，要买大量谷草喂马，住在常平庙中，出大价钱收购谷草。很快，四下人挑车拉，送来了大量谷草，僧人用谷草将鸟柏四下密密围起，声言不再买谷草了，并派人专门看管已购的谷草，不许他人走近谷草垛。

其实，他们已在草垛内空开了距离，准备锯掉此树。他们先锯了一侧枝——一只鸟翅后，树干开裂，僧人即下来看察，此时，树干迅速开裂，汁液外流，并将他们一伙数人的手脚及口眼黏住，不久即全部死于树干一周。

三天后，乡民得关帝神示，移开谷草，看到僧众一个个伏地而跪，早已气绝，传为灵异。

常平的关帝庙、关公祖茔以及解州关帝庙，被人们拟“三孔”而称“三关”，在关公文化这一大概念中占有极为重要的地位。

台湾省礁溪协天庙主任委员吴朝煌在解州关帝庙曾有一段十分精辟的论述：台湾的关帝庙始建于约200年前，是从福建东山铜陵关帝庙分灵过去的，而东山关帝庙仅有600来年的历史。以往，台湾礁溪庙常到福建去朝祖，以为东山关帝庙是祖庙。1990年前后，吴朝煌等人来大陆寻根，先到当阳，又到洛阳，最后，才找到解州与常平，回到台湾，找学者探讨，才确认运城是关帝家乡，常平关帝庙是一切关庙之祖。

常平关帝庙的传说

传说，关羽在湖北当阳壮别人世，曹操在一河之隔的洛阳以王侯之礼厚葬关羽之后，消息传到故乡，天人为悲，关羽故宅香火更旺。关羽的亲戚与乡亲情深意笃，思念自己的英雄儿男，因此也传出了不少关羽显灵显圣的故事。

其中有一故事传得很生动。解县有一户穷人，母子相依为命，儿子被魏室抓去当兵，在湖北守边，一直苦苦思念母亲。一天半夜间儿子在荒野大哭，喊叫母亲名字，突然，半空中走下一骑马将军，同情地问他：“你是解县人？”

交谈后，将军告诉他：“我也是解县人，咱们家离得不远，我也曾记得你家父母模样，实在是个好人。这样吧，你抓住我的马尾，千万不要睁眼。我把你送回老家，你要好好孝顺你母亲。”

那兵卒如嘱，即抓紧马尾，只听忽忽声响，一个时辰以后，马蹄落地，将军嘱他睁开眼，告诉他：“我家住下冯村，小名寿长，也有父母在家，你回去看看，母亲为你已哭瞎了双眼，我这里有点药，你让母亲擦洗一下，即可复明，告辞了。”

说完策马而去。那人如嘱，见母亲后，让母亲洗了双眼后复明。

第二天一早，那兵丁遵母亲命，前往下冯村拜谢将军，到村里一打听，方知关羽已壮别人世。于是，他便在关羽故宅住下，为关家守宅，直到终老。

此为关羽“魂归故里”一说。据传，今常平庙献殿前的“龙、虎”二柏即为此人当年所植。

现常平关帝献殿后，有一独院，俗称娘娘殿。其院中有一株奇异的桑树，其特点是从当年生叶起，就一直不断地结桑葚，又不断地成熟下落，再不断地长出新的桑葚，直到秋日落叶。人们把这种现象说为是上天为关帝“掉桑”——吊丧。

解州关帝庙最大

解州关帝庙位于山西省西南部的运城盆地，是中国古代称作“河东”的主要区域。自古以来，这块土地肥沃、阡陌纵横、交通便利的盆地，就以历史悠久、文明古老、史迹遍布、物华天宝、地灵人杰著称于世。

解州关帝庙

这块古老的土地充满传奇色彩。传说之中，中国原始社会后期的部落联盟领袖舜和禹，都曾在这块黄土地上建立了当时社会的政治、经济和文化中心，即所谓

解州关帝庙大门入口

"舜都蒲坂"、"禹都安邑"。

传说之中，远古时代决定炎黄民族早期文明构成、文明方向和文明进程的一次历史大决战，也在这里展开，即所谓黄帝与蚩尤大战于"冀州之野"的传说与神话。

在传说和史籍中，教人以养蚕造丝的嫘祖，授人以稼穑耕作的后稷，示人以"版筑"造墙的传说，也都活动于这里。

春秋战国至宋元明清，这块古老的土地上英才辈出，荀况、裴秀、郭璞、裴松之、卢纶、司空图、聂夷中、柳宗元、薛仁贵、王通、司马光、马远、杨深秀等都出自这里。

解州是关公的故乡，因此这里的关帝庙兴建较早。据有关碑刻记载，远在陈隋之际，解州关帝庙已经修建。

宋元到明清，随着社会各界对关公美化、圣化和神化的浪潮不断高涨，又对解州关帝庙进行了多次大规模的修复、重建和扩建，宋明两朝盛极一时。

解州关帝庙气象千秋木牌坊

清康熙四十一年(1702年) 解州关帝庙毁于一场大火，以后历经10多年才得以修复。清朝末期，该庙又数次失火，损失惨重，民国年间予以修复和重建。

中华人民共和国成立之后，解州关帝庙被列入了国家重点文物单位予以保护，国家一再拨款，对这座庙宇进行维护修复，使之基本上恢复了历史的原貌。

解州关帝庙被称为是中国传统道德文化的神圣殿堂。目前的解州关帝庙，总占地面积有7.3万平方米之多，为海内外众多关帝庙占地面积之最。

该庙坐北向南，沿南北向中轴线，分四大部分有序展开：结义园、主庙崇宁殿、“万代瞻仰”的石牌坊和主庙附属建筑追风伯祠、长寿宫、崇圣祠等。

中轴线南端的东侧，建有“万代瞻仰”的石牌坊一座，中轴线南端西侧建有“威震华夏”木牌坊一座。这两座气魄宏大的牌坊，向世人昭示着关公及关公文化在中国古代历史上的显赫地位，令人的敬仰之情油然而生。

关庙楹联鉴赏

楹联是中国的一种独特文化，楹联之妙之美在关庙联语中表现得淋漓尽致，欣赏关庙联语，可以对中国的楹联文化有更深刻的认识。

关帝庙楹联不胜枚举，有些联语的产生还有生动的故事。清初，江南文风极盛，考取进士状元的人很多。江北临桂人陈继昌以三元及第任江苏主考。临桂文风素称不振，江南举子们颇轻视陈继昌。

考试前正逢苏州关帝庙落成，陈遂题一联：

匹马斩颜良河北英雄齐丧胆；
单刀会鲁肃江南名士尽低头。

下联不但一吐心中闷气，且语涉双关，抑挫江南考生傲气，妙不

义存汉室三分鼎；志在春秋一部书
关庙楹联上了民间年画，这是武强年画的另一版本

可言。

湘潭市关圣殿联，正是仿照陈继昌联而成，此突出了关羽勇武好胜的性格：

匹马斩颜良，河北英雄皆丧胆；
单刀辞鲁肃，江南士子尽低头。

关公地位从各地关帝庙对联中，可见一斑。

左宗棠曾撰常德关庙联，上联说关羽上继文宣大圣（孔子），下开武穆（岳飞）；下联结合地理形势与关羽的事业加以发挥，很有特色：史策几千年未有，上继文宣大圣，下开武穆孤忠，浩气长存，树终古彝伦师表；地方数百里之间，西连汉寿旧封，东接益阳故垒，英风宛在，想当年戎马关山。

台湾的一副关帝庙联，则用"忠义"二字对关羽的一生作了高度概括：

义勇腾云，一朝兄和弟；
忠心贯月，千秋帝与王。

宁夏六盘山上关帝庙对联叫人学关羽的品德，不要假心假意，是劝人诚心做人：

拜斯人便思学斯人，莫混帐磕了头去；
入此山须要出此山，当仔细扪着心来。

清代关庙有一副对联则更多被人引用：

儒称圣，释称佛，道称天尊，三教尽皈依。式詹庙貌长新，无人不肃然起敬；

汉封侯，宋封王，明封大帝，历朝加尊号。矧是神功卓著，真所谓荡乎难名。

经收集整理，这里将较为著名的关庙联语列于下，可供鉴赏品味。

紫云盘旋剑影斜飞江海震；
红雾缭绕刀铓高插斗牛清。

义存汉室三分鼎；
志在春秋一部书。

德泽春秋滋圣帝；
功高万世赞新天。

（常平关圣家庙正殿联）

青灯观青史，着眼在春秋二字；
赤面表赤心，满腹存汉鼎三分。

（悬解州关帝庙春秋楼神龛）

午夜何人能秉烛；
九州无处不焚香。

（明神宗朱翊钧）

才兼文武义重君臣耻与汉贼同天戮力远开新帝业；
威振华夏气吞吴魏能使奸雄破胆忠魂长绕旧神州。

（明·御史大理寺卿任瀚）

先武穆而神大宋千古大汉千古；
后宣尼而圣山东一人山西一人。

（作者佚名，悬平阳府关庙）

山东夫子山西夫子瞻圣人之居条峰并泰岳同高；
作者春秋述者春秋立人伦之至涑水与洙泗共远。

（明·知州龚廷飏）

翌汉表神功龙门并峻；
扶纲伸浩气伊水长流。

（悬洛阳关林拜殿）

关河百二恨天下分三未归一统；
圣寿无畴仰帝心永在长荫千秋。

（王世昭撰，悬台北市行天宫）

草庐三顾鼎足三分不朽当年三义；
君臣一德兄弟一心无双后汉一人。

（潭州王岱题，悬洛阳关陵正殿）

至诚之动乎及豚鱼虽阿瞒莫敢不服；
大义所归坚如金石惟使君乃得而臣。

（朱缄三撰，悬浦城西阳岭上关庙）

前无古后无今继阙里钟灵大哉光汉家日月；
畏其威怀其德自解梁毓秀巍乎壮故国山河。

（清·黄叔琬撰，悬北京正阳门关庙）

行义终古沿如新绵俎豆馨香薄海清平叨庇荫；
天心毕竟有所在悬日生河岳万方人牧仰资生。

（周钧亭撰，悬关渡行天宫）

圣至於神存馨历千载而遥如日月行天江河行地；
湖开处汉祟祀值两峰相对有武穆在北忠肃在南。

（胡敬撰，悬杭州西湖金沙港关庙）

行义常昭为圣为神名垂万古；

天心可协允文允武威镇八方。

（宗孝忱撰，悬台北市天行宫正门）

潭印孤心鼎足三分一轮月；
台影照胆桃园双景六朝春。

（清·程宗骏撰，悬杭州西源关庙）

浩气丹心万古忠诚昭日月；
佑国福民千秋俎豆永山河。

（清·乾隆皇帝题，悬北京地安门关庙）

生蒲州长解州战徐州镇荆州万古神州有赫；
兄玄德弟翼德擒庞德释孟德千秋智德无双。

（悬湖北当阳关陵拜殿）

英雄几见称夫子；
豪杰如斯乃圣人。

（清·夏力恕）

日读孔子遗书惟爱春秋一部；
心存汉室正统岂容吴魏三分。

此吴地也不为孙郎立庙；
今帝号矣何须曹氏封侯。

（浙江富阳关帝庙联）

志在春秋孔圣人未见刚者；
气塞天地孟夫子所谓浩然。

（齐梅麓撰，常州荆溪县关帝庙联）

赤面秉赤心骑赤兔追风驰驱时无忘赤帝；
青灯观青史仗青龙偃月隐微处不愧青天。

（明神宗朱翊钧撰）

刘为兄张为弟兄弟间分君分臣异姓结成亲骨肉；
吴是仇魏是恨仇恨中有仁有义单刀独辅汉江山。

秉烛岂避嫌此心一夜惟有汉；
华容非报德当时双目已无曹。

（湖南关帝庙联）

数定三分扶汉室剥吴吞魏辛苦备尝未了平生事业；
志存一统佐熙朝伏寇降魔威灵丕振只完当日精忠。

（山东张大美撰）

山别东西前夫子后夫子；
圣分文武著春秋读春秋。

（白崇禧撰，悬台湾新竹关帝庙）

匹马斩颜良偏师擒于禁威武震三军爵号亭侯公不忝；
徐州降孟德南郡丧孙权头颅行万里封号大帝耻难消。

（河南洛阳关庙联）

关帝庙有助于传统教育

曾经被大量毁损的关帝庙，今天再次放射出耀眼的光芒，关帝庙的价值和作用也再次被人们所认识，其中的一个价值和作用就是它有助于传统文化的教育。

在漫长的中国封建社会中，尤其是宋元明清一千余年的社会中，关帝庙是进行中国传统道德文化教育和感化的神圣殿堂。在这漫长的历史岁月中，一朝又一朝的最高封建统治阶层，通过加封、赐匾、祭祀等活动，在这里对他的臣民灌输着封建伦理道德和封建纲常思想；一批又一批的芸芸众生，也一次又一次地来到这里参拜祭祀，虔诚地从关公身上学习为人处世的原则和品格。

古代没有爱国主义教育，但关帝庙中每一座建筑，每一尊塑像，每一块匾额，每一幅画面，乃至每一种仪式和每一种氛围，都具有教育和感化作用。

关帝庙的一座座牌坊，使人们对关公及关公文化肃然起敬；那气度宏大的午门，那雄伟庄重的庙堂，实际就意味着关公地位的崇高和关公文化的博大，参拜者和游人至此，情不自禁地会对关公及关公文化平添几分崇拜和景仰；那头戴帝冠而在威严中透出平和的关帝塑像，早就变成了万民礼拜的道德偶像；那一幅又一幅生动形象的石雕、木雕故事画面，无不默化潜移而又寓教于乐地向欣赏者传输着传统道德的观念和规范；那高悬着的帝王题词

关帝庙是发扬光大“正气”的地方

匾额，无一不在提醒着来人，关公文化是最高统治者教化天下的正统道德思想，关圣大帝也是帝王向万民倡导的道德楷模；就连那立柱上雕刻着的蟠龙，栏杆上雕塑着的雄狮，也无一不在告诫来到这里的人们，关公及关公文化神圣无比，容不得丝毫亵渎和轻视。

明人吕子固在《谒解庙》诗中，曾无限感慨地吟咏道："正气充盈穷宇宙，英灵烜赫几春秋。巍然庙貌环天下，不独乡关祀典修。"真实地反映了那个时代人们对关公的崇拜和敬仰，以及关帝庙遍布天下的盛况。

各地历史悠久的关帝庙，特别是解州关帝庙气势恢弘的古老庙宇，仍然有着自己独特的价值和意义。它是中国古代道德文化发展到宋元明清时代的物质化凝结，作为珍贵的文化遗存，向后人揭示着中国古代道德文化的丰富内涵和复杂内容。它是中国传统道德文化在中国封建后期社会发展和重构的历史见证，它用实物而非文字的形式，向后人真实而形象地述说着中国古代道德文化的发展与变迁。

关帝庙作为中国古代博大精深传统文化的实物宝库和实物载体，也是一条联系海内外炎黄子孙认同传统民族文化的精神纽带。不可避免地，关帝庙有精华，也有糟粕，今人利用它进行传统文化教育，就是要吸取其精华，剔除其糟粕，为现代所用。

第十四章 关公文化透视

关公文化源远流长，是中华民族传统文化的一个重要组成部分，在规范和造就中华民族的传统美德诸方面，曾产生过广泛而深远的影响。

从宋徽宗崇宁元年(1102年)封关羽为“忠惠公”，到宋宣和五年(1123年)封关羽为“义勇武安王”，以及最后清代谥定的26字时，增冠以“仁”字，形成“忠、义、仁、勇”的鲜明特色。

关公文化凝聚了中国传统文化的精髓，这一精髓就是忠、义、仁、智、信、礼、勇等。关公崇拜在中国之所以有如此大的影响，也与他代表了这一文化精髓有关。审视关公文化，其要点是对国以忠、待人以义、处世以仁、行事以信、任事以勇。

忠义信仁勇文化

关公文化的核心是“仁、义、礼、智、信、廉、耻”。其实这是一个中国文化泛概念，关公文化体现传统精神方面准确的表述应是“忠、义、仁、信、勇”。

关公文化有一个演变过程。由于关羽生前的影响，民间对关羽的思念，以及由之而衍生的神异传说，使关羽初步神坛，及至陈隋间(557—580)，关公被佛教列入拜祀偶像行列，拜为“护法伽蓝”，再而道教大兴，影响朝廷，尤至宋元为甚，使由关羽而形成的关公“超凡入圣”，成为护佑皇室朝廷的神，奠定了关公至高无上的地位。

关公的忠、义、仁、智、信、礼、勇，是相互联系的统一整体。其中忠最具有特色，是贯彻关公文化所有内容的要素和核心。关公忠被称为“彻底一忠”。

“忠”在中国人的传统美德中占有很大的比重。在古人的文字训诂中，它有10多种解释：敬；诚；竭诚；爱；不二；不相违；无私；正；直；厚；恕；中正；危身奉上等。这个“忠”字，几乎所有中国人都大致了解，甚至目不识丁的几辈人都会讲几句：“忠于自己诺言”；“忠于祖国”；“忠人之托”等。

关公思《春秋》·高密年画

人们寄情于关羽，因为关羽的赤胆忠心，不是一般的人所能做到的。在乱世，君择臣，臣亦择君，依附强主是很多人士的选择，从而许多人有过多次易主的经历，如与关公同样作为门神的秦琼和尉迟恭，都多次易主，有奶便是娘，他们的武功和功劳或许并不低于关羽，却没有成为帝和圣，只能守门。

关羽自始至终只追随刘备。因为关羽在走投无路时，刘备救了他，刘备是关羽的初主、故主，如同纯洁爱情的初恋，关羽是从一而终了。无论刘备多么弱小，乃至两失徐州，成了丧家之犬，关羽自始自终不离开刘备，尽忠尽义，在关羽身上体现得淋漓尽致。

这对于当代人也是有启示的。在当代激烈竞争的商业社会，一个人选择职业，如果得到知遇，就应赴汤蹈火，义无反顾，如果每个人都忠于职守，执著坚守，那么小至一个企业，大至一个国家，就会由弱变强，由小变大，事业兴旺，国家强盛。所以关羽的忠义精神，已经积淀为净化人生的一种道德追求。故关羽的忠义精神与世长存，永不过时。

在封建时代，“忠君”是“礼”的外在表现，而“礼”是“仁”的道德外境，是制度规范。关公的忠义实践不仅发扬了儒家学说的道德观念，也强调了它的社会价值，淳化了它的社会功能。所以，从北魏孝文帝开始，就大力倡导关公的忠义，以此鼓励部下。

“义”在古代受到高度重视，古代典籍中其解释达30多条，如已之威；宜；正；平；裁断；人(行之)路；死(之大)节；成物之功；理；经(典文字之)意旨；施恩；至行过人；推证；正事；谊(义)等。这个“义”字，如今仍不绝于人口，诸如“正义事业”、“英勇就义”、“义无反顾”等。

关公读《春秋》·高密年画

孟子曰：“生亦我所欲，义亦我所欲，舍生而取义，可也。”圣人之“义”是儒家学说核心“仁”的道德成分，它旨在强化社会成员的是非感和正义感，而关羽之“义”则把儒家教义转化为具象的行为实践。这种道德学说与行为实践的结合，奠定了关公独具魅力的人格基调。

义渗透于关公文化其他内容之中，仁、智、信、礼、勇都贯穿着义的内容，是仁义、义智、信义、礼义、义勇。所以，忠义是统帅仁、智、信、礼、勇的，是关公文化的本质与灵魂。

从人们对关公文化的评论和赞誉看，对关公文化称颂最多的集中在忠义方面。“精忠贯日月，大义薄云天。”“彻底一忠，耿耿乎生死不相背负；横绝千古，洋洋哉云天常著英灵。”“英贯金石，壮节植纲常。平生一片心，皎如赤日光。当其忠义直欲凌太行。”都是表彰他的忠义的。

历代皇帝对关公的封谥中突出地宣扬“忠义”精神。“忠”更多地是适用于封建统治阶层的，主要在社会上层人物中体现得更明显。而“义”则更多地适用于社会基层群众。

“信”是关羽做人的准则，“信”是以“诚”为基础，不仅对刘备诚信，对张飞诚信，对一切人，包括自己的敌人，如对待曹操，他都表现出了诚信的品格。正因为其诚信，因此被奉为武财神，商人从他身上学习诚信，以他为诚信的楷模。如今社会诚信减少，这更表现了关公信仰的必要，也更体现了诚信的可贵。

"仁"字的解释也不少，仅孔夫子的言论中，就有20多种解释和训示，如：亲；爱；天养万物；怜；忍；德政；德化；善政；润；人心；人之本体；性也；理也；党也；爱之心；心之德；修己之行等。"仁"又与"信"通(用)。我们今日的文字与口语中，也仍不少使用这种大义，如"仁爱之心"、"志士仁人"、"仁义"等。

"勇"是关公的主要表现，古人对它的训解也不少：踊跃；果敢；锐；有气力；果决；不为(强力)屈服；猛；健；胜敌；壮志等10多种。这个"勇"字，我们生活中也还常常使用。如"勇敢"、"勇往直前"、"英勇顽强"等。

关羽的生平实践是具有典型意义的道德行为，它体现了一种社会价值标准——高尚的德操，这也正符合儒家一贯倡导并追求的理想人格。

关公的精神，与中国文化大师孔子、孟子的治国、齐家、修身、为人诸方面的系统理论是一脉相承的，因此它很容易就成为我们这个民族的精神。

关公文化的思想基础

宋元明清时代，对于关公美化、圣化和神化的持续浪潮，正是中国封建社会进入后期以来，社会阶级阶层和集团不断分化与演变，以及思想文化观念继续发展和变迁，所相互激荡、交织而导致的必然结果。

中国封建社会进入后期以来，由于社会矛盾的不断发展变化，封建经济经历了从成熟到衰落。由于封建商品经济的日趋发展和成熟，一大批原来从事其他行业的人们，开始投入商业贸易和作坊制造，新兴的商业阶层和手工业阶层产生了，并日益壮大。

城市的增多和扩大，市民的人数也日益增加，由于市民的增加和有闲阶层的增多，为说书、戏曲的发展提供了前所未有的发展空间，于是以说书唱戏卖艺为生的民间艺人日益增多。

宋元以来中国封建社会阶级、阶层和利益集团新的分化和演变，急切呼唤着对宋元以前中国封建社会所形成的思想文化观念、伦理道德观念进行改造和重建。由孔子创立，再经董仲舒阐释的儒家学说，也因其迂阔陈腐，而令芸芸众生难以认同和效仿。

于是，从北宋初年到清朝末叶的这一千余年间，各种各样的学说、思想和观念，如走马灯般频频出现。从周敦颐、程颢、程颐，到朱熹、陆九渊、王守仁，从张载、陈亮、叶适，再到王廷相、李贽、黄宗羲、王夫之等人，无一不在绞尽脑汁，为宋元以后的社会，寻找新的思想方案和精神药方。

关公读《春秋》·安阳年画

然而，这些思想家们所阐述的思想和体系，虽然在一定程度上促进了宋元以后中国封建社会后期思想文化的发展，但是，在为宋元以后的后期中国封建社会构造一个统一的道德文化规范或原则方面，却又显得苍白无力。

因这些思想家们的学说过于烦琐、艰深和晦涩，很难为一般民众所理解。于是，一个美化、圣化和神化关公的浪潮，便自宋元社会以来应运而生，并被涂绘上新的价值线条和观念色彩，通过不断的美化、圣化和神化，最后上升成为宋元明清社会各界共同礼拜、万民争相效仿的最高道德偶像。

关公文化的内容

关公由民间而宗教，再宗教而王室的广泛崇拜，使关庙遍及穷乡僻壤，“九州无处不焚香”，一个以关公形象为主线的文化形成了中国文化的一个重要现象。

以关羽为始源而形成的关公文化涉及诸多方面，主要体现在以下方面：

一是千余年间形成的各种庙宇。

二是千余年间的从帝王到士民的拜祀，包括祭拜关公的礼仪规定、祀典制度等。

蔚为大观的关帝庙宇文化

三是各种相应的宗教、帝王封谥产生的推广与发展表现形态。

四是关公生前活动及其身后传说中的遗迹、遗址、遗物等文物古迹，以及纪念关公的建筑。

五是有关关公的各种著作、作品。

其中包括关公本人的少量著述，记述关公生平事迹的著作，关公的传说、故事、神话，研究、宣扬关公及其精神的著作、典籍，各种文学艺术作品，包括文章、诗、词、歌、赋、楹联、戏曲、书法、绘画、手工艺品、雕塑、影视、游戏、动漫、网页、视听节目等，其中特别是由崇拜而形成的各种诗、文、戏剧、绘画及现代当代的影视，几乎所有的文化艺术式样品种都有关公的形象及形成的产品等。

六是关帝诞辰、忌日的祭祀活动，包括举办庙会、演出关公戏剧，以及占卜、抽“关帝签”等。

七是各种纪念、宣扬关公文化的活动，如关公文化节、关公庙会，各种研究、开发利用关公文化的座谈会、研讨会、论坛等。

以庙宇文化为基础形成的祭拜文化

八是以关公命名的自然景观、公共建筑、街道、公园等，以及用关公命名的企业字号、商品或服务名称等。

九是关公学术文化。

十是关公忠、义、信、仁、勇的思想和精神。

关公文化形成的历史原因很复杂，但其根本原因是在于民众的认同，或曰民族文化心理需要而致。

关公文化的表现形式

关公文化的表现形式，主要体现在如下几个方面：

一是融合三教文化。

关羽综合了中国古代传统文化的各方面的精华，是中国古代唯一受到儒、释、道三教共同尊崇的精神偶像。

佛教最先发现了这一优越的资源，隋唐时把关羽拉进佛门，封了个“伽蓝神”。

北宋时关羽人气骤升，名声大振，宋徽宗开始对关羽屡屡褒封，一向很清高的儒家见风使舵把关羽列座仅次于“文圣人”孔子之后，尊其为“武圣人”。

道教也不甘落后，尊其为“关帝圣君”，掌管司命禄、佑科举、治病除灾、驱邪辟恶，乃至招财进宝，庇佑商贾等，不仅位置重要，而且极有实权，几乎成了万难之神。

清代关庙中一副对联的上联，颇能概括关羽在中国传统文化中融会贯通儒、释、道三教的地位和巨大影响：“儒称圣，释称佛，道称天尊，三教尽皈依。”

在形成对于关羽“全民崇拜”过程中，佛、道、儒三家都先后参与其事，终于使关羽成为中国历史上最重要的神祇之一，对凝聚近代中国民族精神有着不可忽视的影响。

皇皇大观的二十

关公·佛山年画

关公·藏书票，朱荫能出品

五史及种类繁多的野史中，帝王将相、英雄豪杰不可胜数，但“三教并尊”，天、神、人合一，且身后庙祀众多的历史人物只有关羽，正所谓“汉封侯，宋封王，明封大帝；释称佛，儒称圣，道称天尊”。

立刀门神·朱仙镇年画

武强年画中，将关公和观音绘于一图，可以说是佛道合一的形象画面，也是人神合一的少见图像，充分表现了在民间信仰中人们对两位神像高度认可的心理。事实上，关公和观音正是在中国人的精神信仰中影响最大的神像。

关公融会贯通儒、释、道三教，最终形成中国传统文化的一道独特景观，将中国人的精神张力发挥到了极致。

二是理念文化。

关公的理念文化即上述的“忠、义、信、仁、勇”的文化内涵，既是民族文化的结晶，也是关公文化中的“精神”，是中国文化的“精品”。

关公的理念文化的核心是信义文化和忠诚文化。

中国人的信义为本、轻财重友是独具华夏民族个性的特征之一。做买卖讲信义，日常相处讲信义。轻财才能仗义，才能在危难中互相扶助，俗谓“买卖不成仁义在”，这是中国商人或社会成员间稳固的社交文化心理体现。

忠诚文化即忠君孝亲重友，这是忠诚的具体表现。关公对先主刘备和汉室的耿耿精忠，得四海之誉，受三教之尊，开两仪之明。后世广其内涵，忠于君，忠于父，忠于家庭，忠于事业等。忠与诚是相辅相成的两个方面，不可分割，所以人们在生活中把“忠诚”这个传统观念词汇淳化得更具体、更普遍，实现了社会教化意义上的升华。当然，忠诚文化中的“愚忠”是需要鉴别的。

三是祭祀文化。

关公崇拜及其文化兴起，源自民间，及至后来，佛、道及国学儒学、王室帝王都尊拜，但民间信仰封拜关公为“第十八届玉皇大帝”，成为和谐天、地、人的至高无上之神灵，被尊为万能之神，人们对他的祭祀不仅仅是祈求保护，更有着祈求和谐、富有、平和人事等作用。

文武财神（上关下财）· 安阳年画

四是庙会文化。

在国内所有的关庙建筑中，规模较大至今保存完好的有五六处：山西关羽故里常平关帝庙、河南洛阳关林、湖北当阳关陵、荆州关帝庙、河南许昌霸陵桥关帝庙，等等。

而规模最大、气势最为宏伟的，就是位于关羽的故里——山西省运城市解州城西的关帝庙了，它至今仍然完整地保留着一座全国最大的关帝庙。庙内楼台殿阁共达三百余间，为游览胜地之一，堪称天下第一关庙。

陈隋间，佛教徒假托关羽显灵，在当阳首建关庙。唐建中三年(782年)，关羽被列为古今六十四名将之一，放进武庙，配享姜太公。

宋代以后，关羽便被戴上“武圣”的桂冠，被宋徽宗连升三级：先封“忠惠公”，再封“崇宁真君”，又封“昭烈武安王”和“义勇武安王”。元文宗封关羽为“壮缪义勇武安显灵英济王”，明神宗封之为“三界伏魔大帝神威远震天尊关圣帝君”，又把关羽庙长格为“武庙”，与文庙——孔庙并列。

清代皇帝标榜关羽为“万世人极”，封之为“忠义神武仁勇威显护国保民精诚绥靖翊赞宣德关圣大帝”（《清史稿 · 礼乐志》），在北京修建了关帝庙，还通令全国，普建关庙，按时奉祀香火。武圣关公庙数量之多，远远超过了文圣孔庙。

庙会是围绕庙堂所发生的群众性信仰活动而形成民间娱乐（社火艺术表演等）、产品、商品交易的重要形态。随着各庙的祭拜关公活动开展，形成的常规与固定的商贸交易，促进了地方商品的繁荣，也形成了独特的关公庙会文化。

五是戏曲文化。

中国戏曲从发展以及形成的近千年间，以歌颂关公及其“忠、义、仁、勇”思想主题的戏曲，占据了戏剧主题的主导地位。在中国戏剧发展的历史过程中，曾经出现过“三国戏”热，许多著名的剧种都有相当数量的“三国戏”和“关公戏”。

文武财神·安阳年画

在教化民众、感召社会的漫长岁月中，关公戏曲已形成系统和庞杂的艺术流脉，及至形成清代宫廷中连演六十本的关公文化主题戏曲，传播了人们推崇的“忠、义、仁、勇”的精神思想，又繁荣了中华戏曲文化，也形成了相应的文化融汇与发展。所以，戏剧界自古将关公封为戏神。

六是财神文化。

财神文化也是商神文化。财富是每个人的追求，商业是人们经济交流的重要形式，至少从唐代以后，人们在商贸中，祈求公平、公正、公道、信用、诚实，以关公为“监护神祇”，关公也被尊列为财神。

行商始，求关公保护；行商中，请关公主持公义；发生争执，求关公神判。遇庙会、年节求关公神佑兴商，关公成了商业之神。在民间，则早已将关公拜为财神了。

七是庙宇文化。

据资料显示，清代以后，至民国期间，山西有关帝庙3万余座，全国有30余万座。海外华人聚居的地方都有宏伟精致的关庙建筑，它既是中华古代文化建筑的综合艺术载体（包括造型、雕刻、塑像、楹联、建筑等内容）和传统文化的成果，同时也与信仰文化活动紧密相联，形成了独特的庙宇文化；更重要的是，很多地方的关帝庙见证着明清晋商筚路褴褛、开创商道、积极理财的成就。

关帝庙前打出“忠、勇、仁、义、礼、智、信”的招牌，点明了关公文化的核心内涵

如今，关帝仍是中国最主要的民间信仰之一，全国关帝圣庙数量规模远甚于孔庙。关帝信仰作为一种独特的文化现象，对社会管理、民众的精神寄托以及两岸的文化交流与传承产生了积极重要的影响。

八是楹联文化和歇后语文化。

自古至今，歌颂关公忠义精神的文字不计其数，仅从关庙楹联这种最能揭示关公文化精髓的形式看，赞关公忠义的所占比重很大。如：

英雄有几称夫子，忠义惟公号帝君。

秉烛岂避嫌，昼夜思汉室；华容非报恩，始终藐奸雄。

志在春秋，自昔尊王伸大义；身骑箕尾，于今配帝答孤忠。

天地一完人，文武才情忠义胆；古今几夫子，英雄面目圣贤心。

师卧龙，友子龙，龙师龙友；兄玄德，弟翼德，德兄德弟。

大义秉春秋，辅汉精忠悬日月；威灵存宇宙，干霄正气壮山河。

关公文化不仅形成了楹联文化，关公文化还形成了歇后语文化。在生活中，有大量与关公有关的歇后语。如关公开凤眼——要杀人，关羽卖肉——没人敢来，关云长卖豆腐——人硬货不硬，关帝庙求子——踏错了门，关公射黄忠——手下留情，关公照镜子——自发脸红，关公喝酒——不怕脸红，关云长走麦城——大难临头，关帝庙夫人——慌了神，关帝庙里拜观音——找错了门，等等。

九是教育感化文化。

教育感化文化表现在多方面。在国家和民族危难之际，有着“天下兴亡，匹夫有责”之感的人们，在这里通过对关公的祭拜，接受忠于国家和民族，勇于保家卫国的教育。

当少数民族统治阶级入主中原之后，也来到这里进行褒封和祭祀，力图通过对关公的赞扬、肯定和对关公文化的认同，去弥合民族之间的思想、文化的分歧。

在社会压迫和社会剥削加重、民不聊生的年代，那些奋不顾身的反抗者们，则来到这里，从关公身上汲取仗义而起、勇于抗争的精神和力量。

在物质、金钱的欲望对正常的人性和人际关系造成挑战、形成侵害之际，那些恪守传统道德的人们，则来到这里，从关公身上寻找坚持信义和忠诚的道德原则和道德楷模。

遭际坎坷的时候，那些身处逆境的人们，也会来到这里，找到值得仿效的榜样，即像关公那样“威武不能屈，富贵不能淫”。

即使是那些目不识丁而又胸无大志的普通民众，也能在这里接受到待人处事要以“忠”、“诚”、“信”、“义”为本的教育与感化。

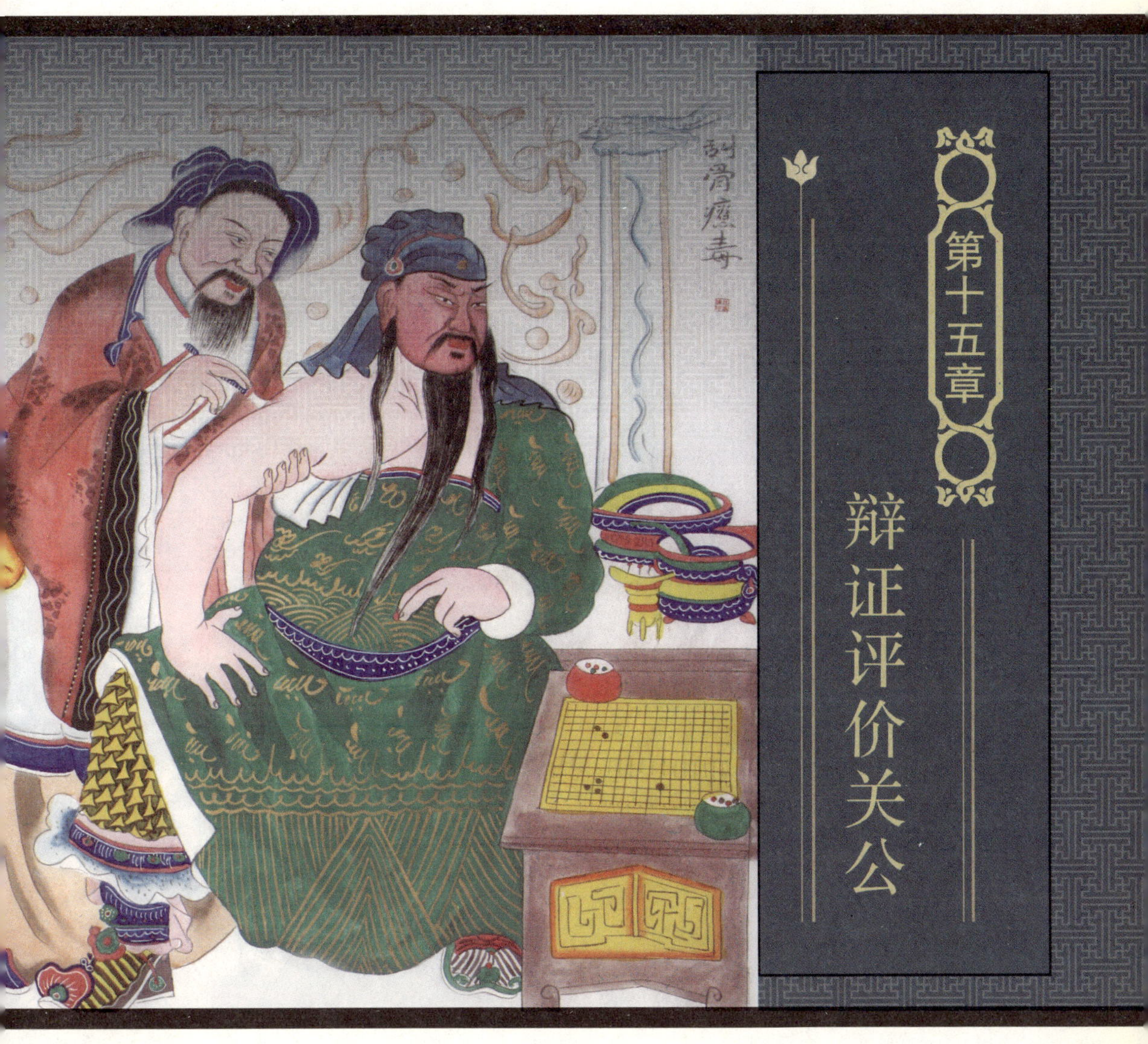

第十五章 辩证评价关公

关于历史人物的评价，往往众说纷纭，有优点也有缺点，然而，对于关公的评价，基本都是一致的，是正面的。不仅国人对关公的评价是正面的，而且外国人对关公的评价也很高。如美国圣地亚哥加利福尼亚大学人类学系教授 David Jordan（汉名焦大卫）教授这样评价关公：

“我尊敬你们的这一位大神，他应该得到所有人的尊敬。他的仁、义、智、勇直到现在仍有意义，仁就是爱心，义就是信誉，智就是文化，勇就是不怕困难。上帝的子民如果都像你们的关公一样，我们的世界就会变得更加美好。”这位美国学者的话对我们评价关公有一定的参考价值。

正因为如此，理性和辩证地评价关公，显得尤其重要。

多种评价多种形象

学者们通常认为，在中国，文有孔子，武有关公。一文一武，两圣相映，构成了中华民族传统文化的主体。所不同的，孔子的形象只有一个，而呈现在我们面前的关公有多种形象。各种评价凝结在这多种形象中，构成了一个立体的文化偶像。

作为历史人物，他是三国时蜀汉的五虎上将之首，南征北战，忠义仁智，威震华夏。

作为文学艺术典型，他更是集中国传统美德之大成。

作为传说人物，他是一个毫无瑕疵的完美超人。

作为一位被世俗尊奉的神，他被迷信为降妖护国、平寇破贼、除瘟攘灾、助人发财等的全能华夏之神。

“天日心如镜，春秋义薄云”，这是关公伟岸的形象。

“先武穆而神大宋千古大汉千古，后宣尼而圣山东一人山西一人”，这是关公伟大的灵魂。

“庙食盈寰中，姓名走妇孺”，这是关公博大的文化精神。

马上提刀门神·武强年画

马上提刀门神·武强年画墨线版

凝聚在关公身上而为万世共仰的忠、义、信、智、仁、勇，蕴涵着中国传统文化的伦理、道德、理想，渗透着儒学的春秋精义，并为释教、道教教义所趋同的人生价值观念，实质上就是彪炳日月、大气浩然的华夏魂。

把这多种形象归纳起来，构成立体偶像，立体的核心是关公体现了中国传统的道德精神。

当时人对关公的评价

《三国志·关张马黄赵传》中论及关公与张飞：“关羽、张飞皆称万人之敌，为世虎臣。羽报效曹公，飞义释严颜，并有国士之风。然羽刚而自矜，飞暴而无恩，以短取败，理数之常也。”还说：“羽善待士卒而骄于士大夫，飞爱敬君子而不恤小人。”确实如此。

建安十九年(214年)，刘备在攫取益州进程中，收降了马超，自领益州牧后，拜马超为平西将军。关公因马超并非旧友，又闻说马超勇武，心中不服，便写信给诸葛亮，问：“超人才可比谁类？”

诸葛亮知其意，便回信说：“孟起(马超字孟起)兼资文武，雄烈过人，一世之杰，黥(黥布即英布)、彭(彭越)之徒，当与益德(张飞字益德)并驱争先，犹未及髯之绝伦逸群也。”(《三国志·蜀书·关公传》)关公有一把好胡须，所以诸葛亮称他为美髯公。关公得信，大悦，把它拿给宾客传看。

或许因为有这样一个典故，湖南滩头年画将关公和马超安排成为一对门神。尽管马超的名气远远不及关公，但和关公并列为门神贴于门上后，马超也沾关公的光，走进了千家万户。

在各类评价中，将关公拔高到至高无上的地位，这显然有失人物评价的辩证法。关公是人，不是神，是人，就有优点也有缺点，就有犯错误的时候。因此，把关公作为神的时候，民间对关公的评价往往是片面的。

关于关公的评价历来就有多种说法。在陈寿的《三国志·蜀志》中，专有一节是写《关羽传》的。其中写到关于他的为人，在道义方面，写到他原是亡命奔涿郡，与刘、张恩若兄弟，“随先主周旋，不避艰险”，终不负先主。

关于他的战绩，写到在“建安五年，曹公东征，先主奔袁绍，曹公禽羽以归，拜为偏将军”。写到他诛颜良，水淹于禁七军。

关于他的性格，写到诸葛亮来信说马超“犹未及髯之绝伦逸群也”，羽大悦，以示宾客。

关于他与同僚的关系，写到他与麋芳、傅士仁不和，困难时，众叛亲离。

关于他的应变能力，写到他因为激怒孙权，使腹背受敌，终于大败。他这一败，关系大局，迅速动摇了鼎足的平衡，使蜀汉一蹶不振，诸葛亮叹为“关公毁败，秭归蹉跌”。

马超·滩头年画

诸葛亮空城计·桃花坞年画

建安二十四年(219年)七月，黄忠阵斩曹军名将夏侯渊，因功升为征西将军。同年刘备进位汉中王，任命关公为前将军，黄忠为后将军，张飞为右将军，马超为左将军。

诸葛亮对刘备说：“忠之名气，素非关、马之伦也，而今便令同列。马、张在近，亲见其功，尚可喻指；关遥闻之，恐必不悦，得无不可乎？”刘备说：“吾自当解之。”(《三国志·蜀书·黄忠传》)并派益州前部司马费诗去给关公送印绶。

关公闻说黄忠与己并列，大怒道：“大丈夫终不与老兵同列。”不肯接受任命。

周瑜·剪纸

费诗对关公说：“夫立王业者，所用非一。昔萧(萧何)、曹(曹参)与高祖(刘邦)少小亲旧，而陈(陈平)、韩亡(韩信)命后主，论其班列，韩最居上，未闻萧、曹以此为怨。今以一时之功隆崇于汉升，然意之轻重，宁当与君侯齐乎？且王与君侯譬犹一体，同休等戚，祸福共之，愚为君侯不宜计官号之高下、爵禄之几为意也。仆一介之使，衔命之人，君侯不受拜，如是便还，但相为惜此行动，恐有懊悔耳。”(《三国志·蜀书·费诗传》)关公大为感悟，遂拜受印绶。

当时人对关公的评价多是正面的。吕蒙：“斯人长而好学，读左传略皆上口，梗亮有雄气，然性颇自负，好陵人。”“今东西虽为一家，而关公实熊虎也，计安可不豫定?”

郭嘉、程昱称关公、张飞：“万人敌。”

刘晔称关公、张飞：“勇冠三军。”

周瑜称关公、张飞：“熊虎之将。”

傅干称关公、张飞：“勇而有义，皆万人之敌，而为之将。”

温恢评论说：“关公骁锐。”

后世对关公的评价越来越高。杨戏的《季汉辅臣赞》中赞关云长、张翼德：“关、张赳赳，出身匡世，扶翼携上，雄壮虎烈。藩屏左右，翻飞电发，济于艰难，赞主洪业，侔迹韩、耿，齐声双德。交待无礼，并致奸慝，悼惟轻虑，陨身匡国。”

关公和张飞在当时在后世都成为勇猛善战的代名词。《晋书·刘遐传》：“晋刘遐每击贼，陷坚摧锋，冀方比之关公、张飞。”

《魏书·崔延伯传》：“崔公，古之关张也。”

关公从人变成神的奥秘

关公在人世间近60年的人生之旅中，由一平民百姓起步，随刘备左右，不过被封过一个亭级侯，官至前将军。这种级别的历史人物，绝对不下数千、数万，为何中国历史上只留下了关公成名成帝、成圣、成神的轨迹，成为1700多年来的一大文化现象，使关公成为一个超民族、超国籍、超信仰、超时空的人上

眼观八万里·武强年画另一版本

眼观八万里·武强年画墨线版

之人、帝上之帝、神上之神呢？

这是因为关公的忠、义、信体现了道德精神典范，体现了中国人的精神，他这优秀的一面使得他能够名垂千古。

眼观八万里·潍县年画

无论对关公有多少不同的评价，但有一条评价似乎达成了共识，就是都公认他是道德精神典范。关公自身所具有的和被后世所叠加上的那些道德观念和道德精神，成了中华民族传统道德文化中的一份沉甸甸的遗产。

关公代表了中国道德精神典范。关于这一点，可以归纳为如下几条：

忠诚典范

当宋代社会面临北方少数民族入侵的危难时刻，就多次用关公的“忠”与“勇”来教化臣民。像岳飞那样的忠勇之士，在宋元明清四代社会中，并非少数。

在关公身上，“忠”是他的突出特点。“忠”指忠诚，对关公而言即忠刘备。建安五年，刘备兵败，关公连同刘备的两个夫人同为曹操所擒。考虑到夫人的安全，又经前来劝降的张辽点悟，关公决定有条件投降。最重要的条件是“降汉不降曹”，表达方式的不同，使得行为的性质也完全不一样。这样一来，关公不但不会因降曹而叛刘，相反，却因此得了千古忠君的美名。

“降汉不降曹”表现的不仅仅是关公的“忠”，更重要的是他的“智”。历史上因“愚忠”而亡的太多了，而因“智忠”而存的就关公一人。既不失气节又能保存实力且能赢得尊重，让人叹为观止。

忠是对统治者的忠，但又不仅仅只理解为愚昧的忠君，而是忠臣烈士的忠，对国对民的忠。忠是关公得以产生影响的基础，无论统治者，还是广大民众，都需要这种忠，故而关公很容易就被广泛接受。

正如一位学者所说：“正是靠了这种精神，使自己和他人的心灵得以净

化和升华，凝聚成一种无坚不摧的力量，推动了历史的前进。”

历代封建统治阶级为了巩固自己的统治地位，把关公当做“忠义”的化身，关公的地位被抬得越来越高，“由侯而王”，“旋而进帝”，最后被尊为“武圣人”。

信义典范

信是诚信，在当今社会，诚信更为可贵，可见作为诚信化身的关公得以受到各代追捧的理由。

关公重然诺，守信誉，对刘备及其团体的利益无限忠实。他与刘备同甘共苦多年，遵守信义，始终不渝。即便白马被擒，身在曹营，也仍不忘旧恩，终于复归刘备。

对宋明以来新兴的工商阶层而言，他们则从关公身上，汲取了“信”和“义”的道德原则，提出了“以信为本”和“以义制利”的带有浓重中国传统道德色彩的经营原则。

由于人生观与世界观的不同，信义精神在不同的人身上产生不同的影响。但是，正确地理解、倡导、恪守这种精神，使它成为做人处世中一种高尚的行为准则，还是人类社会的主流。

仁智典范

仁者爱人，智是人生智慧，智者乐山，仁者乐水，仁智精神的本质就是博爱与文明。

勇武典范

关公勇武非常，冠于全军。后世小说，写他温酒斩华雄、三英战吕布、斩颜良、诛文丑、挂印封金、千里走单骑、过五关斩六将、华容道、单刀赴会、水淹七军等，虽有违反史实之处，但却也突出表示了他的武勇和神韵。

关公刮骨疗毒，更是尽人皆知。关公曾被乱箭射中，箭穿透其余左臂。后伤口虽愈，但一到阴雨天气，骨头就经常疼痛。医生说：“矢镞有毒，毒入于骨，当破臂作创，刮骨去毒，然后此患乃除耳。”关公便伸臂让医生切开伤口。当时关公正在宴请诸将，“臂血流离，盈于盘器，而羽割炙引酒，言笑自如”(《三国志·蜀书·关公》)。

小说《三国演义》中描写这段时，更是出色：“佗乃下刀，割开皮肉，直至于骨，骨上已青；佗用刀刮骨，悉悉有声，帐上帐下见者，皆掩面失色。公饮酒食肉，谈笑弈棋，全无苦楚之色。”

飞龙·玉溪纸马

关公勇武的本质就是激励人们奋进、拼搏、创新、开拓。

有了忠、义、信精神，又勇武有能力，这样的人，很容易获得古人的尊敬，所以尽管他有很多缺点，神话的力量也能让他流芳百世，因为他契合了中国人的精神追求。最终关公成为中国精神“忠、义、仁、智、信、勇”的化身，即今天我们说的形象代言人。

有人说，关公是一种文化；也有人说，关公是一种精神。笔者看来，所谓关公文化，就是忠、义、信、勇文化，所谓关公精神，就是忠、义、信精神。

关公自幼喜读《春秋》，且能谙熟上口，深受儒家正统道德的熏陶，以忠事主、以义友朋、以礼立身、以诚行事、以勇建功的观念，支配并贯穿于他卓然于世的生平实践。

中国传统文化是儒家文化为主导的文化，儒家文化的精髓是仁义礼智信，这五项中，中国历史上能在其中一项上超群绝伦就不简单了，在其中两项上突出就可成为神。

就以与关公同时代的人来说，刘备“仁”突出，成为民间传颂的千古明君；诸葛亮智突出，几乎成为神一样的人物；曹操无仁无义无礼无信，成为暴君形象，仅仅在智上露出端倪，被论为奸雄。尽管历史上真实的曹操并非完全如此，但民间传说、民间绘画和民间信仰、民间精神中就是如此，可见，顺应了中国的传统文化精神的人物，就可以千古流芳，悖离了中国传统文化精神的人物，就有可能遗臭万年。

关公“对国以忠、待人以仁、处事以信、交友以义”，除了体现中国传统文化精神的仁、义、礼、智、信外，他在中国传统文化精神中增加了一个"作战以勇"的勇字，成为"义勇武安王"。于是，关公的忠、义、勇、武、仁、信等品质集中了中华民族的传统美德，代表了中国人的精神，体现了民众的社会愿望和理想人格，因此，他千百年来得到了世人的拥戴，被尊称为关公、关爷、关老爷、关王爷、关帝爷、伽蓝爷、关护法、恩主公、关夫子、关大帝、关圣大帝、协天大帝、俘佑帝君、盖天古佛、南天主宰。

关公作为道德楷模和道德偶像被不断提升，关公崇拜作为一种道德文化现象被广泛普及，对于中国封建社会后期凝聚力的形成，以及道德意识、道德行为的规范与提升，曾经产生过一定的积极作用。

孙犁对关公的评价

在当代人对关公的评价中，孙犁对关公的评价颇有见地。

孙犁在其"书话"《耕堂读书记》之二中，专门有一篇长文谈《三国志·关公传》的。他认为："陈寿写的是历史，他是把关公作为一个具体的人来写的。这样写来，使我们见到的是一个既有缺点，又有长处；既有成功，又有失败的活生生的人。我们看到的是真正的关公，而不是其他的人，他同别的人，明显地分别开来了。"

孙犁如是说："于是，在文学和民俗学上，就产生了一个奇特现象：关公从一个平常的人，变为一个理想化的人，进而变为一尊神。这一尊神还是非同小可的，是家家供奉的。"

天平玉帝关圣帝君·南通年画另一版本

天平玉帝关圣帝君·南通年画另一版本

孙犁眼中的关公，在各县县城，都有文庙

和武庙。文庙是孔子，那里冷冷清清，很少有群众进去，因为那里没有什么可观赏的，只有一个孤零零的至圣先师的牌位。武庙就是关公，这里香火很盛，游人很多，因为既有塑像，又有连环壁画，大肆宣扬关公的神威。

孙犁又说："当然，有人说，关公之所以成为神，是因为清朝的政治需要。这可能是对的。神虽然都是人造出来的，但不经政治措施的推动，也是行之不远的。"

不过，年画市场至今盛行关公主题的年画，现在关帝信仰又进入了新的阶段，国内外出于市场经济的需要，崇拜关财神的人越来越多。供神的场所除了道教宫观，还有佛教场所，还有商业场所乃至百姓家中都可以看到各色各样的关公神像。甚至海外有华侨的地方大多供有关帝，他是义气的象征，更是保护神和财神。

这些并无政治措施推动，但关公年画仍成为商家和居民贴挂最多的年画之一，关帝崇拜未衰，可见孙犁"行之不远"之言也不尽然。

傲是缺陷也是被崇拜的理由

有趣的是，关公身上傲的缺陷没有使他让人觉得讨厌，反而让人们觉得他可敬可爱，成为人们崇拜他的理由。

对此，关公文化研究者、东山县文联主席林喜禄颇有见地，他认为：关公之所以能成为关帝，其最独特的精神、人格内涵就是关公的傲。历史上，兼有忠、义、仁、信、勇的不乏其人，周有姜尚，汉有周勃，唐有郭子仪，宋有李纲，明有于谦，即使是同在三国时期，关公的同事，如孔明、赵云等。与关公相比，他们忠、义、仁、信、勇一样也不少，有些人的历史功绩还远胜于关公，他们的人格也比关公更具理想性，他们都不像关公那么傲得忘乎所以。可是他们却都成不了"帝"，成不了"神"。

为何呢，就因为关公与他们相比，除了具有"忠、义、仁、信、勇"外，有着不一样的人格特征，那就是缺乏关公的"傲"。

道德家眼中的缺点，在民众看来也可以成为优点，因为这样的缺点让关公的形象不是高高在上遥不可及，而是人性化了，更容易为民众所接受，让

立刀门神 · 绵竹年画

民众觉得关公是真实的，他和我们一样有缺点，而且这样的缺点也体现着他自由独立的精神内涵。

《三国演义》中关公一出场，就将一身傲气挥洒得淋漓尽致。他受邀与刘备同坐，被问及姓名，回答后，他竟画蛇添足地补充道："因本处势豪倚势凌人，被吾杀了；逃难江湖五六年矣。"其实他是一名被通缉在逃的杀人犯，却毫无忌惮，傲得理直气壮。

温酒斩华雄时，他只是个马弓手，副排长级干部，主动请缨遭袁术训斥，幸曹操力荐才得准行。回来时酒尚温，他不是把华雄的人头双手奉上，而是"掷于地上"，傲得底气十足。

投降曹操时，他说他"不降曹"，"降汉"，挑明不把曹操当"最高领导"，而且暗指曹操有不轨之图。明明是个俘虏，却也傲得别具一格。

封五虎将时，他得知和老将黄忠同一级别待遇，怒曰："黄忠何等人，敢与吾同列？大丈夫终不与老卒为伍！"遂不接印，傲得唯我独尊。

守荆州时，孙权要跟他结亲家，他竟对前来提亲的诸葛瑾勃然大怒："吾虎女安肯嫁犬子乎？"傲得孤芳自赏。

败走麦城时，王甫劝他宜走大路，小路恐有埋伏。他竟说："虽有埋伏，吾何俱哉！” 其骄横傲慢之态毕露，结果把命也搭上。

关公生性高傲的弱点，招致了在樊城之战，由开端的指挥准确，旗开得胜，威震华夏，到最后受骗上当，大意失荆州，最终招致孙、刘联盟崩溃，其教训惨痛。

当初曹操常劝诫夏侯渊：“为将当有怯弱时，不可但恃勇也。将当以勇为本，行之以智计；但知任勇，一匹夫敌耳。”（《三国志·魏书·夏侯渊》）夏侯渊最终果恃勇而亡，夏侯渊如此，关公、项羽皆是如此。

为何这样一个有严重性格缺陷的人，成为“武圣”，成为万人景仰的神呢？

这是因为关公的“傲”，是傲上是傲敌是傲权，而对下属对民众对百姓，他是从来不欺的，《三国志》说他“善待下人”，这与一般只敢欺下媚上的官僚“假傲”是不同的。

因为他的傲，他的缺点，他的独立的人格特征，以及他强烈的人生悲剧色彩，他与民众的距离才能有那么近，才能被民众广为接受，才会被人当“神”膜拜。

傲是关公与生俱来的品质特征，因为傲，关公付出了最沉痛的代价，包括他的生命。可以说，傲成了他的一种生活方式，一种生存法则。因为傲，他赢得了尊重，成就了名气，也带来了祸害。傲让他成了神，而不仅仅作为人。

民众信仰关公，或许正是因为在潜意识里尊崇他的傲。

跋

民间年画中的神像，凝聚着中国文化史、中国思想史、中国宗教史、中国美术史、中国民俗史等诸多领域的知识景象，随便拿起一张神像年画，我们都可以从中看到文化和民俗，看到无数的传说和故事，看到无限辽阔的精神境域。

这套丛书，是笔者多年收藏和研究的结果。10多年来，笔者收藏和研究兴趣转向年画、剪纸等民间美术，特别是神像年画。每收藏一幅民间神像年画，都要探究其意味和来龙去脉。通过大量查阅资料，向民间艺人请教，最后发现，这些神像年画涉及的知识面相当广阔，其中很多因时代久远，已经消逝或正在消逝，其来龙去脉和寓意已无迹可寻，面对它们，往往有面对断崖绝壁之叹。

就像寻幽探奇的探险者，越是未知，越有探究的兴趣和动力，入之越深，其路越险，其景越幽，一忽儿山重水复疑无路，一忽儿柳暗花明又一村，乐在其中。

上观下财・滑县年画・
上为观音，中为武财神关公，
下为文财神

知识的获得按古人言不外是读书和走路。读万卷书，可以了解神像知识的宏观脉络；行万里路，则是从民间获得神像民俗的原始知识。这是细节微观的知识，是源头的知识，是来自大地和泥土的知识，因而它是最真实、最可靠，也是最权威的知识。

因为书本上的知识，不过是民间沃土上开放的花朵，失去了生长的土壤，书斋中构造的所谓的书本知识不过是空中楼阁。因此专家学者的论述都离不开源头。

走进民间，就是走向田野，神像年画和民俗文化就是一门生长在田野上的学问。笔者庆幸收藏将自己无意中带到了辽阔无垠的绿色田野上。10多年来，笔者为收藏濒危的或正在消逝的民间木版年画，利用休假数十次行走在中国大地和东南亚华人居住区，以及偏僻乡村和田野阡陌，寻访民间年画艺人，在深山古寺和寂寥老巷，寻找神像年画故事。笔者发现，神像年画尚存的地方，都是民俗文化最浓厚的地方，越是偏僻的地方，越是民风民俗保存得完整的地方。

上观下财局部之武财神关公·滑县年画

每找到一幅神像年画，笔者都喜欢刨根究底追问其画面深处的寓意内涵，喜欢听民间艺人讲述神像年画的故事，喜欢了解神像年画背后的民俗、宗教和文化内涵。

似乎每收藏到一幅神像年画，都意味着收藏了一个传奇故事，可以肯定地说，每收藏到一幅神像年画，都收藏了一种神像的民俗知识。因为笔者发现，神像年画就是民俗的结晶，而民俗又是神像年画的起点和终点。民俗给予了神像年画题材源泉，神像年画又升华了民俗的蕴涵，让民俗变得形象化。

本书的全部图片采用笔者本人收藏的民间年画和民俗美术藏品原作，用传承千年的中国传统年画图案说话，更加贴近民俗的本真，也更加贴近历史的真实，因为古代没有照相机，民间年画和民俗图案将古人生活和观念复制下来，流传下来，是唯一可以真实考证古人生活的形象凭证。

文字可以谬传，传说可以虚构，唯有栩栩如生的民间年画和民俗图案不会欺骗我们。从这个角度而言，一张民间年画的真实信息量，可以超过一篇论文的信息量；一张古代年画的价值，甚至可以超过一本书的价值。

很多神像民俗消逝了，但年画让民俗得以留存。这就是民间年画在民俗学中的独特价值。随着现代化进程的加速，科技的飞速发展，城市化和商品社会的不断演进，将有更多的神像民俗“逝者如斯夫”。

不仅大量神像民俗和神像知识将消逝，就是神像载体之一的那些残存的民间木版年画，也将逐渐减少甚至消失。

所以，尽快将这些年画藏品整理成书，并在书中全部使用笔者本人的藏品原作，就成为越来越紧迫的事情。这套丛书，是笔者继《寻找逝去的年画》丛书、《中国濒危年画寻踪》丛书、《品年画读经典》丛书、《中国民俗文化》丛书和《中国民俗文化探幽》丛书等之后，写作的又一套抢救性的丛书。不仅是对民间年画的抢救，也是对神像民俗和传统文化的抢救。

神像文化知识，尤其是其历史知识、民俗知识和传说故事等，或是既有历史事实，或是约定俗成，或是在民间流传千百年，不可虚拟也不可更改。因此笔者参考借鉴了大量资料，其中引用部分网络资料，都是为研究和说明问题而适当引用和合理引用，未能一一注明准确来源，如涉及原作者著作权，请及时和本书作者联系，笔者将以民间木版年画或纸马原作藏品酬谢，作为资料互换和资源共享而共同拓展和深化神像文化研究。

笔者欢迎读者批评指正和同好交流，交流邮箱：sh2h2@126.com。

沈泓

2011年8月8日